_____ 학교 ____ 학년____반_____ 의 책이에요.

신나는 **교과 체험학습** 시리즈 이렇게 활용하세요!

'체험학습'이란 책에서나 수업 시간에 배운 지식을 실제 현장에서 직접 경험해 보는 공부 방법이에요. 단순히 전시된 물건을 관람하거나 공연을 보는 것이 아니라 학습을 하기 전에 미리 필요한 정보를 조사하는 것까지를 포함한 모든 활동을 의미해요. 어떻게 공부할 것인지를 준비하면 그렇지 않은 경우보다 훨씬 더 많은 것을 보고 느끼게 되겠지요. 이 책은 체험학습을 하려는 어린이들에게 좋은 길잡이 역할을 할 거예요.

❶ 가기 전에 읽어 보세요

이 책은 체험학습 현장을 어린이들이 쉽게 이해할 수 있도록 풀이한 안내서예요. 어린이들이 직접 체험학습 현장을 찾아가는 데 필요한 정보가 들어 있어요. 체험학습 현장을 가기 전에 꼼꼼히 읽어 보세요.

❷ 현장에서 비교해 보세요

롯데월드 민속박물관에 전시된 다양한 유물과 모형을 흥미롭게 구경할 수 있도록 배경지식을 담았어요. 뿐만 아니라 현장에 직접 가지 않고도 우리 역사와 문화에 관해 배울 수 있도록 사진 자료와 재미있는 그림, 쉬운 글로 구성했어요.

❸ 스스로 활동해 보세요

이 시리즈는 단지 지식을 전달하기 위한 교양서가 아니에요. 어린이 여러분이 교과서로 수업 시간에 배운 내용을 실제 현장에서 직접 체험하며 익힐 수 있도록 다양한 활동 내용을 담았지요. 책 중간이나 뒷부분에 이해를 돕기 위한 활동이 있으니 꼭 스스로 정리해 보세요.

❹ 견학 후 활동이 다양해요

체험학습 후에는 반드시 견학 후 여러 가지 활동을 해 보세요. 보고서 쓰기, 신문 만들기, 그림 그리기 등을 통해 체험학습에서 보고 들은 내용을 다시 한번 정리하면 알찬 체험학습이 될 거예요.

신나는 교과 체험학습 59

조상의 삶을 찾아 떠나는 시간 여행 **롯데월드 민속박물관**

초판 1쇄 발행 | 2007. 5. 10.
개정 2판 5쇄 발행 | 2023. 11. 10.

글 롯데월드 민속박물관 | **그림** 김수현

발행처 김영사 | **발행인** 고세규
등록번호 제 406-2003-036호 | **등록일자** 1979. 5. 17.
주소 경기도 파주시 문발로 197(우-10881)
전화 마케팅부 031-955-3100 | 편집부 031-955-3113~20 | 팩스 031-955-3111

© 롯데월드 민속박물관, 2007

값은 표지에 있습니다.
ISBN 978-89-349-9067-3 64000
ISBN 978-89-349-8306-4 (세트)

좋은 독자가 좋은 책을 만듭니다. 김영사는 독자 여러분의 의견에 항상 귀 기울이고 있습니다.
전자우편 book@gimmyoung.com | 홈페이지 www.gimmyoungjr.com

어린이제품 안전특별법에 의한 표시사항

제품명 도서 제조년월일 2023년 11월 10일 제조사명 김영사 주소 10881 경기도 파주시 문발로 197
전화번호 031-955-3100 제조국명 대한민국 ⚠주의 책 모서리에 찍히거나 책장에 베이지 않게 조심하세요.

조상의 삶을 찾아 떠나는 시간 여행

롯데월드 민속박물관

글 롯데월드 민속박물관 그림 김수현

주니어김영사

차례

롯데월드 민속박물관에 가기 전에

미리 준비하세요

준비물 수첩, 필기도구, 《롯데월드 민속박물관》 책

옷차림 박물관은 냉난방 시설이 잘 되어 있어서 옷차림을 가볍게 하는 게
좋아요. 꼼꼼히 보려면 신발도 편한 것으로 신어요.
가방은 거추장스럽지 않은 게 좋겠지요.

미리 알아 두세요

입장 요금 어른 5,000원, 중·고생 3,000원, 어린이 2,000원
(롯데월드 연간 이용 종합 이용권이 있다면 무료)

개방 시간 평일(오전 11:00 ~ 오후 7:00), 주말·공휴일(오전 11:00 ~ 오후 8:00)

문의 1661-2000 / http://adventure.lotteworld.com

주소 시울시 송파구 올림픽로 240 롯데월드 민속박물관

기타 정보 매년 설날, 대보름, 석가탄신일, 어린이날, 추석 등에는
세시풍속 행사가 진행돼요. 홈페이지를 참고하면 직접
해 볼 수 있는 다양한 교육과 체험학습 프로그램이 있답니다.

지하철 2호선, 8호선 잠실역에 내려서 4번 출구로 나가요.
롯데월드 어드벤처 정문 분수대 앞에 있는 엘리베이터를 타고,
3층에서 내리면 롯데월드 민속박물관이에요.

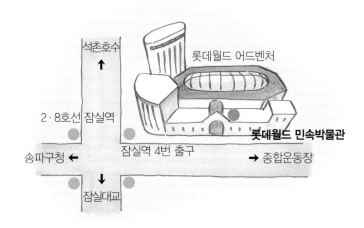

롯데월드 민속박물관은요…….

여러분은 우리 조상들이 어떻게 생활했는지 궁금하지 않나요? 어떤 음식을 먹었고, 추운 겨울에는 어떻게 지냈으며, 요즘과는 어떻게 다른 생활을 했는지 말이에요. 이 궁금증을 해결하고 싶다면 롯데월드 민속 박물관에 가 봐요.

롯데월드 민속박물관에서는 우리 조상들이 어떤 옷을 입고, 어떤 집에서 어떤 모습으로 살았는지 볼 수 있답니다. 그래서 호기심 많은 친구들의 궁금증을 해결해 줄 거예요.

역사책이나 유적지에 있는 풍경들이 그대로 복원된 전시물, 조선 시대의 풍습을 알 수 있는 다양한 모형들을 둘러보면, 마치 소인국으로 여행을 떠난 걸리버처럼 역사 여행을 할 수 있거든요.

자, 그러면 전시물과 모형들을 보며 우리 조상들이 살았던 시대로 시간 여행을 떠나 볼까요?

박물관, 이렇게 관람해요

롯데월드 민속박물관은 크게 역사전시관, 모형촌, 놀이마당으로 꾸며져 있어요. 박물관에는 다양한 유물과 모형, 그리고 직접 체험할 수 있는 다양한 전통 생활 용품들이 여러분들을 기다리고 있답니다. 자, 그럼 조상들이 남긴 삶의 자취를 찾아서 출발해 볼까요?

조선과학유물실
혼천의, 자격루 등의 과학 유물을 통해 조선 시대 발전했던 과학의 우수성을 느껴보세요.

⑧ 마을 풍경
백성들의 관혼상제, 세시 풍속과 농촌의 일상 풍경이 사계절의 변화와 함께 귀엽고 깜찍한 인형들로 전시되어 있어요.

⑪ 놀이마당
우리 민족 고유의 전통 예술이 재현되는 공연 마당이에요. 양쪽 옆으로는 전통 악기류와 무기류가 전시되어 있어요. 참, 저잣거리로 가는 길목에는 일제 시대의 풍경이 실제 크기로 재현돼 있답니다.

⑩ 어촌 마을
제주도의 생활 모습이 해녀들과 제주도 가옥을 중심으로 전시되어 있어요. 제주도의 생활을 짐작해 볼 수 있답니다.

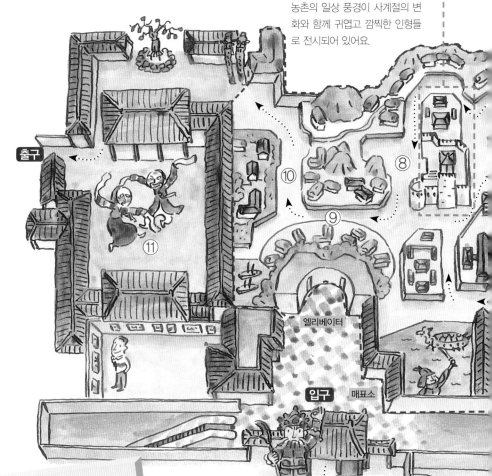

출구

엘리베이터

입구   매표소

이것만은 알아 두세요!
- 사진 촬영이 자유로우니 추억을 많이 남겨요.
- 전시 유물을 함부로 만지면 유물도 망가지지만, 여러분도 다칠 수 있어요. 조심, 또 조심하세요.
- 전시실 안에서 떠들거나 뛰어서는 안 된다는 사실, 똑똑한 여러분도 잘 알고 있지요?

⑨ 흥겨운 장터
물건을 사고 파는 일뿐만 아니라 흥을 북돋는 놀이마당도 보면서, 마을과 마을 사람들이 만나는 장터의 분위기를 엿볼 수 있어요.

⑦ 왕의 즉위식
경복궁 조정에서 왕이 즉위하는 장엄한 모습의 모형이에요. 그리고 조선 시대의 궁궐과 생활 모습도 볼 수 있답니다.

모형촌

조선 시대의 생활상을 8분의 1로 축소해 재현한 전시관이에요. 작은 모형을 따라가다 보면 세시 풍속과 관혼상제 등 다양한 조상들의 생활 모습을 만날 수 있답니다.

역사전시관

선사 시대부터 고려 시대까지의 역사와 문화가 다양하게 전시되어 있어요. 생동감 있는 모형을 통해 우리 조상들의 생활을 생생하게 알 수 있는 생활 역사전시관이에요.

조선풍속화

단원 김홍도의 풍속화를 통해 조선 백성들의 문화를 엿볼 수 있어요.

⑥ 고려 시대

호화스러운 궁궐터, 금속 공예품, 팔만대장경과 같은 불교 문화와 더불어 독창적인 고려청자를 살펴보면 우리 문화의 우수성을 느낄 수 있답니다.

통일신라 시대

안압지와 석굴암 모형과 함께 다양한 유물을 통해 통일신라인의 풍요로운 삶을 살펴볼 수 있어요.

⑤ 신라 시대

안압지와 석굴암의 모형을 비롯하여 금관과 귀걸이를 비롯한 다채로운 장신구와 그릇, 토우 등의 생활 전시물을 통해 신라의 화려한 문화를 엿볼 수 있어요.

④ 가야 시대

신라 문화와 비슷하지만 가야만의 독특한 문화, 특히 기마 무사와 철제 유물 등을 통해 가야의 수준 높은 문화를 알 수 있답니다.

③ 백제 시대

서산 용현리 마애여래삼존상, 서산 마애삼존불 등을 통해 백제만의 세련된 문화를 느낄 수 있어요.

① 선사 시대

티라노사우루스 등 인류 이전의 시대, 인류의 시작, 발전이 재현되어 있어요. 구석기, 신석기, 청동기 시대별로 중요 유물도 전시되어 있답니다.

② 고구려 시대

고구려 사람들이 남긴 고분 벽화를 바탕으로 당시의 생활 모습은 물론이고, 용맹하고 씩씩한 고구려의 군사력을 짐작해 볼 수 있어요.

선사 시대부터 고려 시대까지의 생활

역사전시관

인류는 어떻게 진화했을까요?

선사 시대 사람들은 어떻게 살았을까요?

삼국 시대와 고려 시대의 일상생활은 어땠을까요?

역사전시관은 다양한 유물과 모형을 전시한 곳이에요.

전시실을 따라 시대순으로 여행을 하다 보면,

우리 조상들이 어떻게 살았는지 잘 알 수 있을 거예요.

한눈에 보는 우리 역사

약 70만 년 전 구석기 시대

기원전 8000년경 신석기 시대

기원전 2333년 고조선 건국

기원전 10세기경 청동기 시대

기원전 4세기경 철기 문화

기원전 57년 신라 건국

기원전 37년 고구려 건국

기원전 18년 백제 건국

660년 백제 멸망

668년 고구려 멸망

676년 신라 삼국 통일

698년 발해 건국

과거로의 시간 여행, 역사

옛날 옛적, 할머니와 할아버지는 어떻게 살았을까요? 무엇을 먹고 입으며 어디에서 살았는지, 아마 이런 궁금증을 한번쯤 가져 봤을 거예요. 그 궁금증을 풀 열쇠가 역사랍니다. 역사는 흔히 과거에 일어났던 일을 말해요. 그리고 그 일에 대한 기록이지요. 하지만 그것은 책 안에 갇힌 옛 이야기가 아니에요.

우리의 생활인 의식주는 모두 옛 사람들에게 물려받아 오늘까지 이어진 것이지요. 크고 작은 집안 행사나 고장에서 전해 내려오는 이야기들도 다 예부터 전해졌지요. 또한 우리가 살고 있는 고장에서 수많은 역사 속 사건들이 일어났답니다. 지금도 역사는 우리 주변에서 여전히 일어나는 이야기예요.

그래서 역사는 조상들이 남긴 흔적을 따라가는 일이지만, 가다 보면 결국 지금의 우리를 만날 수 있어요. 다행스럽게도 역사는 지루하거나 시시하지 않답니다. 옛 사람들의 자취 속에는 흥미진진하고 재미있는 이야기가 가득하거든요.

자, 이제 역사가 들려주는 조상들의 생활에 귀 기울여 봐요.

918년 고려 건국　　1392년 조선 건국　　1443년 훈민정음 창제　　1592년 임진왜란　　1636년 병자호란　　1779년 정조 즉위, 실학 사상 풍미　　1894년 동학농민운동　　1897년 대한제국 수립　　1905년 을사조약 체결　　1910년 일제의 경제 침탈　　1919년 3·1운동　　1945년 8·15 국권 회복

모 형 촌

선사 시대에는 어떻게 살았을까?

쉿! 어디선가 공룡 울음 소리가 들리나요? 박물관 입구에서 엄청 크고 무서운 공룡이 우리를 맞이하는 소리지요. 깜짝 놀랐다고요? 잠시 진정을 하고 이곳을 지나면, 우리는 인류의 흔적을 찾아 아득히 먼 옛날로 갈 거예요. 자, 이제 출발해 볼까요?

지구는 언제 생겼을까요? 지금으로부터 46억 년 전이에요. 그 후 지구는 숱한 변화를 겪었어요. 자연과 환경이 바뀌고 많은 생명체가 나타났다 사라졌지요. 그렇게 시간이 흘러 45억 9천 7백만 년 후 인류가 태어났지요. 지구의 역사를 놓고 보면, 그 중에서 인류의 역사는 정말 얼마 안 되는 짧은 시간이에요.

하지만 지구상의 어떤 생명체보다도 인류는 지혜로웠어요. 도구와 불을 이용하며 환경에 적응하고 빠른 속도로 진화했답니다. 그렇게 까마득한 옛날 일을 어떻게 알 수 있냐고요? 바로 그 당시 살았던 사람들이 남겨 놓은 다양한 유물을 통해서이지요.

자, 이제 선사 시대 사람들의 일상으로 들어가 볼까요?

구석기 시대 사람들의 삶

인류가 처음 지구상에 나타난 때를 '구석기'라고 해요. 이 시기 사람들은 추위와 배고픔이 늘 걱정이었어요. 자연환경이 지금과는 많

현장 돌발퀴즈

역사전시관에 들어가면 나타나는 무서운 공룡은 누구일까요?

힌트 '폭군 도마뱀'이라는 뜻을 가진 공룡

선사 시대
글자가 없어 역사를 기록하지 못했던 시기예요. 역사 이전의 시대라는 뜻으로 선사 시대라고 하지요. 이후 문자가 발명이 되어 역사를 글로 남긴 시기는 역사 시대라고 해요.

인간은 어떻게 변했을까?

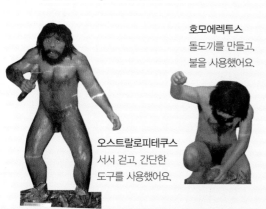

오스트랄로피테쿠스
서서 걷고, 간단한 도구를 사용했어요.

호모에렉투스
돌도끼를 만들고, 불을 사용했어요.

호모사피엔스(덕천인)
가죽 옷을 입고, 장례를 치렀어요.

호모사피엔스 사피엔스 (만달인)
현생 인류이며, 정교한 도구를 사용했어요.

* 덕천인은 평남 덕천리에서 나온 인류 화석이고, 만달인은 평양 만달리에서 나온 인류 화석이에요.

8

동굴은 추위와 맹수를 피할 수 있는 곳이에요.

이 달라 몹시 추웠고, 먹을거리를 구하기도 쉽지 않았거든요.

저기 좀 보세요. 구석기 시대 사람들이 동굴에서 고기를 굽고 있어요. 무리가 먹을 사냥감을 구했나 봐요. 다행이지요? 이들은 먹을거리를 찾아 이동하며 살았기 때문에 주로 동굴에서 살았어요. 동물 가죽으로 만든 옷을 입고, 동굴 근처에서 열매와 나무 뿌리를 구하거나 사냥을 해 먹을거리를 얻었지요.

사냥에 필요한 도구는 쉽게 구할 수 있는 돌멩이나 나뭇가지가 전부였어요. 처음에는 자연 그대로 사용했는데, 우연히 뾰족하게 깨진 돌멩이가 훨씬 쓸모 있다는 사실을 깨달았지요. 그 뒤 사람들은 돌을 깨 도구를 만들었어요. 이것이 뗀석기예요. 길거리에서 보는 흔한 돌멩이와 다르지 않다고요? 하지만 자세히 들여다 보면, 뗀석기에는 구석기 시대 사람들이 다듬고 사용했던 자취가 남아 있어요. 바로 인류 문화의 흔적이에요.

뗀석기를 사용하면서 생활은 더 편리해졌어요. 그리고 불을 이용하면서 추위를 이기고, 음식을 익혀 먹으면서 다른 동물과는 다른 삶을 살기 시작했지요.

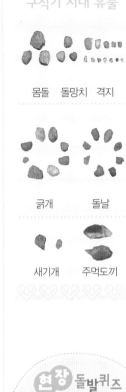
구석기 시대 유물

몸돌　돌망치　격지

긁개　　돌날

새기개　주먹도끼

현장 돌발퀴즈

구석기 사람들이 사냥하고 있는 동물은 무엇인가요?

힌트

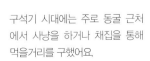
구석기 시대에는 주로 동굴 근처에서 사냥을 하거나 채집을 통해 먹을거리를 구했어요.

빗살 무늬 토기

간돌도끼와 낚시바늘

갈돌과 갈판

신석기 시대 사람들의 삶

지구의 환경이 달라지면서 사람들은 강가에서 살기 시작했어요. 추위가 물러가고 날씨가 따뜻해지자, 강에는 물고기가 넘치고 들에는 열매가 더 풍부해졌거든요. 그러다 사람들은 열매의 씨앗이 싹트는 걸 우연히 발견했어요. 봄에 튼 싹이 여름에 쑥쑥 자라 가을

신석기 시대 사람들은 주로 강가나 바닷가에서 움집을 짓고 살았어요.

이 되면 열매를 거둘 수 있다는 사실을 알게 된 것이지요. 아, 저기 신석기 시대 마을이 있어요. 어떤 일을 하는지 살펴볼까요?

농사를 짓기 시작하면서 사람들의 생활이 바뀌었어요. 농사에 쓸 다양한 도구를 만들다 보니, 뗀석기보다는 갈아서 만든 정교한 간석기가 더 쓸모 있었어요. 또한 토기를 만들어 곡식을 저장하기 때문에 굳이 먹을거리를 찾아 떠돌아다닐 필요가 없었지요. 그래서 사람들은 움집을 짓고 한곳에 머물러 살면서 마을도 이루었어요. 동물의 가죽으로 옷을 만들어 입고 조개 껍데기나 동물 이빨로 만든 장신구로 몸을 꾸미기도 했어요.

사람들은 한 곳에 머물러 살면서 무리 전체의 안녕을 위해 평등하게 살았답니다.

청동기 시대 사람들의 삶

특별한 제작 기술이 필요했던 청동 물건은 힘있는 사람이 주로 사용했어요.

청동기 시대에는 도구가 더욱 정교해지면서 생활 모습도 아주 다양해졌어요. 도구의 발전으로 많은 농기구가 만들어졌지요. 자연히 농사가 발달해 이전보다 먹을거리가 풍족해졌어요. 그러자 사회에 크고 작은 변화가 생겨나기 시작했어요. 무리가 다 먹고도 남는 식량을 관리해야 할 필요가 생겼난 거예요. 이로 인해 많이 가진 사람과 적게 가진 사람이 나타났어요.

이제 무리를 이끄는 부족장은 단순한 부족의 대표가 아니라 부와 권력으로 마을을 이끄는 권력자였지요. 이때 가진 사람들을 더욱 힘 있는 사람으로 만들어 준 것이 있었어요. 바로 청동기예요. 저기 좀 봐요. 청동기 시대 사람들이 갖가지 청동 도구를 만들고 있어요. 그 모습을 한번 볼까요?

청동기 시대 유물

돌칼

검은간 토기　붉은간 토기　민무늬 토기

반달돌칼

현장 돌발퀴즈

반달돌칼은 농경 문화가 발달했다는 사실을 보여주는 도구예요. 이 반달돌칼은 오늘 날의 어떤 농기구와 쓰임이 같을까요?

힌트

보리, 콩, 벼 등 청동기 시대부터 본격적인 농사를 지었어요. 농사가 발달하자 부자가 생기고, 평등한 관계는 깨지게 되었지요.

11

청동은 돌도구을 다듬는 것과는 달리 특별한 기술이 필요했어요. 높은 온도의 불을 다루어야 하고, 청동을 정교하게 다듬을 줄 알아야 하거든요. 이런 기술을 바탕으로 얼마든지 원하는 모양의 물건을 만들 수가 있었어요.

이렇게 청동으로 만든 칼은 날카로웠고, 청동 방울 소리는 신비했으며, 청동 거울은 부족장을 특별한 존재로 돋보이게 했어요. 돌도구와 달리 누구나 가질 수 없는 청동기는 힘있는 사람의 상징물이었지요.

이렇게 청동으로 무장한 힘센 부족은 이웃 부족을 아우르며 나라를 세울 수 있었답니다.

청동기 시대의 부족장

여기서
잠깐!

바위 그림에서 숨은 그림 찾기!

선사 시대 사람들은 글자가 없었지만 그림을 남겼어요. 아래 바위의 그림은 울산 바닷가 바위에 새겨진 것이랍니다. 그림에는 사냥과 고기잡이가 잘 되길 바라는 선사 시대 사람들의 마음이 담겨 있어요. 바위 그림을 자세히 관찰하면서 사슴과 고래, 거북이를 찾아 보세요. 고기잡이를 떠난 배도 보인답니다.

고구려 사람들은 어떻게 살았을까?

여기예요

안악3호분의 고분 벽화
황해도 안악 지방에 살던 귀족의 무덤에 그려진 그림 이에요. 정확한 주인을 알 수 없지만, 벽화에는 고구려 사람들의 생활이 생생하게 담겨 있어요.

청동보다 강력한 철기를 가진 고구려는 힘이 약한 부족을 아우르며 큰 나라로 성장했어요. 자연이 척박한 추운 북쪽 지방에 위치해 있어서 농사를 짓기가 쉽지 않았지요. 그래도 고구려는 농사 지을 땅을 마련하며 그 환경에 적응하기 위해 노력했어요.

그럼 고구려 사람들이 어떻게 살았을까요? 고구려실에는 옛 무덤인 안악3호분이 재현되어 있어요. 그곳에서 고구려 사람들의 생활을 직접 확인해 보아요.

고구려 사람들은 디딜방아로 찧은 곡식을 시루에 담아 부엌 부뚜막에 올려 밥을 지었어요. 노루와 닭, 돼지고기 등을 고깃간에 저장한 것으로 보아 고구려 사람들은 고기류를 좋아했던 것 같아요.

고구려 사람들의 옷차림새는 어떠한가요? 넓은 만주 벌판에서 살던 고구려 사람들은 사냥을 즐겼는데, 그에 맞게

> 고구려는 어떤 나라?
> 고구려는 주몽이 기원전 37년에 세웠어요. 한때 동아시아의 최강국이었던 고구려는 스스로 천하의 중심이라고 여길 만큼 자신감 넘치는 나라였지요. 668년 신라와 당나라 연합군에 의해 무너질 때까지 700여 년 간 우리 역사의 많은 페이지를 화려하게 장식했답니다.

군사를 뽑거나 훈련할 땐 주로 사냥을 하지. 달리는 말 위에서 뒤로 돌아 힘껏 활시위를 당기는 내 모습 어때? 힘차고 씩씩해 보이지 않니?

수렵도의 무사

고구려 사람들은 어떤 옷을 입었을까요?

귀족 남자　　귀족 여자　　왕　　왕비　　시녀　　시종

13

편한 옷을 입었어요. 사냥 장면이 담긴 '수렵도'를 보면, 활동성 있게 소매가 짧은 저고리에 통이 넓은 바지를 입고 있는 것을 알 수 있지요. 또한 무척 세련된 여자들의 옷맵시를 볼 수 있어요. 물방울 무늬나 색동 주름 치마와 같은 옷차림은 오늘날과 견주어도 뒤지지 않을 만큼 멋스러워요.

늠름한 고구려 기상을 보여주는 대행렬도

대행렬도나 수렵도 같은 고분 벽화를 보면 고구려 사람들이 얼마나 힘차고 용맹했는지 알 수 있어요. 전시실 중앙에 대행렬도를 재현한 모형이 있어요. 중앙에 소가 끄는 수레를 탄 사람은 고구려의 귀족동수랍니다. 그런데 왜 말이 아니라 소가 끄는 수레를

대행렬도 모형
안악3호분에 그려진 대행렬도는 드넓은 대륙을 누비며 싸우던 늠름하고 용맹한 고구려군의 모습을 담고 있어요.

탔을까요? 말은 힘이 세고 빠르지만 성질이 조급해서 목을 쳐들고 몸을 흔들지요. 그에 반해 소는 느긋하게 수레를 끌어요. 신분이 높은 사람의 행차이기 때문에 편안하고 위엄 있게 보이려면 소가 끄는 수레를 타야 하겠지요.

현장 돌발퀴즈

안악3호분에 두 남자가 웃옷을 벗고 겨루는 운동은 오늘날의 어떤 운동일까요?

힌트

우리 전통 무술로
세계화된 스포츠

여기서
잠깐!

고구려 고분 벽화를 자세히 관찰해 봐요.
안악 3호분 고분 벽화를 자세히 관찰하고, O/X로
아래의 질문에 답해 보세요.

① 고구려 사람들이 고분 벽화를 그릴 때 사람의 크기를 무시하고 그린 건 신분에 따라 주인공을 돋보이게 하기 위해서다. (   )
② 안악3호분의 남자 주인은 손에 책과 붓을 들고 있다. (   )

☞ 정답은 56쪽에

백제 사람들은 어떻게 살았을까?

여기예요

서산 용현리 마애여래 삼존상

백제의 넉넉한 미소로 불리는 부처님의 손모양은 '네 소원을 들어 줄 테니, 두려워 말라.'라는 뜻을 담고 있어요. 우리도 부처님께 소원을 빌어 볼까요?

고구려에 이어서 백제 사람들의 생활 모습을 살펴볼까요?

백제실 입구에는 활짝 웃는 서산 용현리 마애여래 삼존상이 있어요. 이 부처님과 보살님은 서산 바닷가 벼랑에 조각되었어요. 중국으로 떠나는 뱃길에서 잘 보이도록 말이에요. 멀리 가는 사신이나 상인들은 서산 용현리 마애여래 삼존상이 짓고 있는 편안하고 넉넉한 미소를 보며 자신의 안전을 기도했답니다.

그런데 저 여유로운 미소는 어디에서 나온 걸까요? 그것은 백제 사람들이 누렸던 풍족함 때문일 거예요. 백제는 따뜻한 남쪽 지방(지금의 충청도와 전라도)의 드넓은 평야를 가진 나라예요. 그래서 일찍부터 농업이 발달해 먹을거리가 풍부했어요. 이 경제적 풍요로움은 수준 높은 기술과 문화의 든든한 뿌리가 되었지요.

사실 백제는 660년 멸망한 뒤 오랫동안 잊혀진 왕국이었어요. 다른 나라에 비해 기록과 유물이 많이 발견되지 않았기 때문이지요.

백제는 어떤 나라?

백제는 온조가 기원전 18년에 세웠어요. 삼국 중 가장 먼저 전성기를 누렸고. 발달된 선진 문화를 받아들여 다시 이웃 나라에 전했지요. 한반도에서 농사가 가장 활발한 지역에 자리잡은 백제는 넉넉한 살림으로 우아하고 세련된 문화를 꽃피웠지요.

현장 돌발퀴즈

아래 사진에 보이는 그릇의 쓰임은 무엇일까요?

백제 사람들은 어떤 옷을 입었을까요?

왕

왕비

국사

대신

산수 무늬 벽돌과 도깨비 무늬 벽돌

벼루

무령왕의 금제장식

하지만 백제는 한때 이웃 나라인 신라와 가야, 그리고 바다 건너 일본에까지 큰 영향을 끼칠 만큼 수준 높은 문화를 이루었어요. 무령왕릉에서 발굴된 유물들은 백제의 문화가 얼마나 우아하고 세련되었는지 알려 주지요.

그러나 백제 사람들의 의식주는 많이 전해지지 않았어요. 다만 양나라 직공도에 표현된 백제 사신의 모습이나 무령왕릉에서 발굴된 유물을 통해 짐작할 뿐이지요. 한 폭의 풍경화 같은 산수 무늬 벽돌과 연꽃 무늬의 아름다운 수막새 같은 유물들은 백제의 집이 얼마나 아름다웠을지 짐작하게 해 준답니다.

세기의 발굴, 무령왕릉

무령왕릉은 백제 25대 왕인 무령왕과 왕비의 무덤이에요. 충남 공주의 송산리 고분군 내에 있던 이 왕릉은 1971년 우연히 발굴되어 세상을 놀라게 했답니다. 그동안 백제의 많은 왕릉이 도굴당해, 백제 왕실 문화는 수수께끼로 남아 있었어요. 그러다 무령왕릉에서 2906점의 유물이 발견되면서 1500

무령왕릉의 내부
15000여 년 동안 잠들어 있던 무령왕릉의 유물들은 화려하고 아름다워요. 왕의 관모를 장식하던 불꽃 모양의 금제장식 등을 꼭 확인해 보세요.

여 년 전 백제의 문화적 수준을 알게 되었지요. 화려하고 아름다운 무령왕릉의 유물을 보며, 백제를 호령한 무령왕을 상상해 보세요.

백제에는 최고의 기술을 가진 '박사'들이 있었지. 각 분야에서 자신의 이름을 걸고 일하는 전문가들이야. 그런만큼 백제의 문화 수준은 매우 높았단다.

와박사

정림사
정림사는 백제의 마지막 도읍지인 부여에 있던 절이에요. 지금은 그 터만 남았고, 한가운데 정림사지 5층 석탑만 덩그러니 있어요. 석탑의 1층 몸돌에는 신라와 당나라의 연합군 장군이었던 소정방이 백제를 멸망시켰다는 기록이 새겨져 있답니다.

비슷하지만 다른 세 나라의 문화

삼국 시대의 세 나라는 비슷한 문화를 가졌어요. 전쟁이 자주 일어나 국경선이 분명하지 않았던 터라 때로는 고구려 사람으로, 때로는 백제 사람으로, 때로는 신라 사람으로 살았지요. 그러다 보니 언어도 생활 풍습도 닮을 수밖에 없었어요. 그렇다고 삼국의 문화가 똑같은 건 아니었어요.

세 나라는 앞선 외국의 문화를 받아들이고, 서로 영향을 주고 받으면서 독특하고 개성 있는 문화를 이루었어요. 건물 지붕 기와의 끝을 장식하던 수막새만 보아도, 비슷하지만 서로 다른 세 나라의 문화를 느낄 수 있어요.

고구려의 수막새   백제의 수막새

신라의 수막새   남북국 신라의 수막새

세 나라는 수막새에 주로 연꽃 무늬를 새겼어요. 고구려는 활기찬 느낌의 복숭아 씨앗 같은 연꽃 무늬를, 백제는 우아하고 부드러운 연꽃 무늬를, 신라는 간단하면서도 소박한 느낌의 연꽃 무늬를 수막새에 주로 넣었답니다. 그리고 남북국 시대의 신라는 복잡하고 화려한 연꽃 무늬를 한 수막새를 선호했어요.

이 밖에도 불상이나 그림 등 다양한 유물을 보며 세 나라의 문화를 견주어 보세요. 각 나라의 문화와 예술의 특징을 알 수 있을 거예요.

고구려의 문화는 힘차고 굳센 느낌이지. 만주 벌판을 호령하고 달리던 용감한 무사들처럼 말이야.

백제의 문화는 화려하지만 사치스럽지 않았지. 섬세하고 우아했어. 나처럼 말이야.

신라의 문화는 처음에 단아하고 소박했어. 하지만 나중에는 삼국의 문화가 섞여 굉장히 화려해져.

수키와 → 암키와 ↓

수막새 → 암막새 ↓

고구려   백제   신라

여기예요

가야 사람들은 어떻게 살았을까?

가야는 어떤 나라?
가야는 김수로와 그의 다섯 형제들이 42년에 금관가야를 중심으로 세운 여섯 개의 나라예요. 철기 문화가 발달했지만 여섯 개의 연맹체로 이루어져 왕권이 약했고, 고구려와 신라의 잦은 침입을 받아 결국 신라에게 무너졌어요.

흔히 삼국 시대라고 하면 고구려, 백제, 신라를 말하지요. 그런데 이 시대에 또 하나의 나라가 있었어요. 바로 가야예요. 그동안 우리 역사는 가야를 중요하게 여기지 않았지만, 가야는 무려 500년을 이어오며 한때는 신라를 위협할 만큼 힘있는 나라였답니다.

가야가 자리했던 곳은 지금의 경상남도 남해안이었어요. 이 지역은 질 좋은 철이 많이 나는 곳이에요. 그래서 가야는 철을 다루는 기술이 뛰어났지요. 창과 칼, 방패, 갑옷을 비롯해 철제 무기를 많이 만들었어요.

가야실에 전시된 철제 유물들을 보세요. 전쟁이 잦았던 삼국 시대에 풍부한 철과 철을 다루는 기술을 가진 것은 오늘날 최첨단 무기를 지닌 것과 같았어요. 그런 가야는 가까운 바다를 이용해 일본으로 철을 수출했고, 무역으로 큰 이익을 얻었어요.

이와 같은 경제력으로 가야는 당시 신라보다 훨씬 앞선 문화를 꽃피웠어요. 소박하면서도 세련미가 뛰어나고 독창적인 예술성을 자랑했지요. 하지만 여

가야 시대의 유물 모형

철갑옷으로 무장한 가야의 장군
가야의 군사들은 어지간한 화살이나 창으로는 뚫을 수 없는 철갑옷으로 무장하고, 위풍당당하게 전쟁터를 누비며 신라를 위협했지요.

가야의 고상가옥
따뜻한 남쪽 지방에서 살았던 가야 사람들은 이층 구조의 고상가옥에서 생활했어요. 고상가옥은 여름에는 시원하고 겨울에는 따뜻하게 지낼 수 있는 구조로 되어 있거든요.

섯 개의 나라로 이루어졌기 때문에 가야는 왕권이 약했고, 전쟁이 일어날 때면 쉽게 단결하지 못해 마침내 신라에게 병합되면서 역사의 저편으로 사라졌어요.

가야의 사람들

바다가 가까웠던 가야는 해산물과 물고기, 소금이 풍부했어요. 농사를 짓기도 했지만, 그 외 먹을거리는 다른 지역에서 소금을 구하러 온 사람들에게 얻었지요. 가야 사람들은 고상가옥에서 살았어요. 이층으로 만들어진 고상가옥은 여름에는 시원하고 겨울에는 따뜻했어요. 중국 역사책《삼국지》변진전에 따르면 가야의 사람들은 큼직큼직하고 머리는 길었어요. 또 폭이 넓고 고운 베를 짜서 옷을 만들어 입었답니다.

우리는 냉난방을 효과적으로 이용할 수 있는 고상가옥에서 살았어. 고운 베를 짜서 옷을 만들어 입고, 풍부한 해산물을 즐겨 먹었지.

가야의 유물

철제 말머리가리개

철제 투구

양손잡이 바리

오리 토기

여기서 **잠깐!**

말갖춤을 보고 이름을 찾아 적어 보세요.

박물관에 가면 자주 보는 유물 중에 하나가 말갖춤이에요. 이 유물들은 지배자의 힘과 당시의 철을 다루던 기술, 그리고 군사력을 짐작하게 해 주는 중요한 유물이에요. 박물관에서 그림을 찾아보고, 유물이 어떤 말갖춤으로 쓰였는지 확인해 보세요.

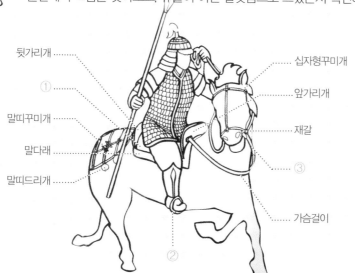

뒷가리개 ......
① ......
말띠꾸미개 ......
말다래 ......
말띠드리개 ......

십자형꾸미개 ......
앞가리개 ......
재갈 ......
③ ......
가슴걸이 ......

②

①

②

③

보기 발걸이, 고삐, 안장

☞ 정답은 56쪽에

19

여기예요

신라 사람들은 어떻게 살았을까?

신라는 어떤 나라?

신라는 박혁거세가 기원전 57년에 세웠어요. 삼국 중 가장 늦게 성장했지만, 이후 한강 유역을 차지하면서 한반도의 새로운 주인공으로 떠올랐지요. 자신감과 패기로 삼국을 통합한 뒤 고구려와 백제의 문화를 받아들이며 한층 더 발전했어요. 무려 천 년의 역사를 이룩한 왕국이지요.

현장 돌발퀴즈

귀족의 집에서 우륵이 연주하고 있는 악기는 무엇일까요?

힌트 우륵이 만든 악기

신라실 입구에는 두 인왕역사가 우리를 맞이해 주고 있어요. 자, 이제 신라로 여행을 떠나 볼까요?

신라는 고구려와 백제보다 늦게 성장했지만, 결국 두 나라를 무너뜨리고 통합시킨 나라예요. 신라는 한반도의 동쪽 아래에 위치해 있어 중국과 활발한 교류가 힘들었지만 때때로 고구려와 백제의 영향을 받으며 힘을 키웠지요. 불교를 받아들이고 화랑 제도 등 나라의 기틀을 다지면서 신라는 천년 왕국으로 화려한 문화를 이루었어요.

나는 화랑이야. 신라 청소년 단체의 일원이지. 우리는 산과 강에서 학문과 무예를 닦고 나라에 충성할 것을 맹세해. 신라가 삼국을 통합하는 데 혁혁한 공을 세웠단다.

화랑

화려한 금관과 소박한 토우

신라의 도읍지 경주에 가 본 적 있나요? 경주에 가면 도시 곳곳에서 거대한 왕릉을 만날 수 있어요. 왕릉에서 발굴된 유물은 신라 사람들이 어떻게 살았는지 알려 준답니다. 화려하고 아름다운 금관과 금제 허리띠, 새 날개 모양 금관 장식 등을 꼼꼼히 살펴보세요. 신라가 얼마나 뛰어난 금속 공예 기술을 발휘했는지 확인할 수 있을 거예요.

왕릉과 그 주변에서 발굴된 토우는 신라 사람들의 소박한 생활 모습을 담고 있어요. 노래하거나 악기를 연주하

통일신라 사람들은 어떤 옷을 입었을까요?

관리

귀족 여자

20

고, 웃고 있는 얼굴의 토우는 신라인들의 모습을 생생하게 보여 줘요. 항아리에 달려 있는 토우를 자세히 볼까요? 가야금을 타는 여인이 보이지요. 주변에 장식된 온갖 짐승들은 가야금 가락에 맞춰 춤을 추고 있는 듯해요.

죽어서도 나라를 지키는 문무왕

삼국 중에서 가장 약했던 신라는 고구려와 백제의 틈바구니에서 살아남기 위해 당나라와 손을 잡고 두 나라를 무너뜨렸어요. 이렇게 삼국을 통합한 신라는 강력한 왕권을 바탕으로 나라의 힘을 다지고, 새로운 제도를 갖추어 평화의 시대를 향해 활짝 문을 열었어요.

감은사
문무왕의 은혜에 감사하는 의미로 세운 절이에요.

신라 시대 유물

금제 허리띠

새 날개 모양 금관 장식

토우 달린 항아리

토우

여기서
잠깐!

재미있는 전통 생활 용품 체험하기

역사전시관을 견학하다 보면 곳곳에서 전통 생활 용품들을 만나게 되지요. 지게, 절구, 다듬이, 투호 등 직접 만져 보며 기념 사진 한 컷 찰칵! 참, 이 생활 용품은 각 시대별 유물이 아니라 예로부터 전통적으로 내려오는 생활 용품이에요.

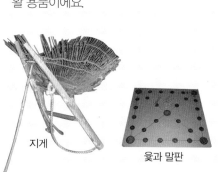

지게

윷과 말판

다듬이

절구

신라실 포토존

하지만 문무왕은 동해로 침입하는 왜구가 걱정이었지요. 그래서 죽어서도 용이 되어 나라를 지킬 수 있도록 동해에 유골을 묻으라고 했어요. 그의 아들 신문왕은 문무왕의 유언대로 장사를 지내고, 감사한 마음으로 감은사를 세웠답니다.

찬란한 문화를 꽃 피운 통일신라

고구려와 백제의 문화를 수용하고, 불교가 한층 더 널리 퍼지면서 신라는 화려하고 이전보다 수준 높은 문화를 이룩했어요. 오늘날 우리의 문화 유산을 대표하는 불국사와 석굴암, 안압지와 성덕대왕 신종은 이 시기에 만들어졌답니다.

자, 이제 석굴암 앞으로 가 볼까요? 석굴암은 정교한 계산과 놀라운 과학이 빚어낸 신라 예술의 걸작이에요. 석굴암에는 본존불과 더불어 부처님의 세계를 지키는 신들과 부처님의 열 명의 제자, 부처 기 되기 위해 수행하는 보살, 천장에는 불교를 상징하는 연꽃이 장식되어 있어요. 섬세하고 아름다운 조각상들을 꼼꼼히 살펴 보세요.

통일신라의 유적

석굴암 본존불
신비로운 모습의 본존불은 신라 문화의 꽃이 활짝 핀 경덕왕 때 만들었어요.

동궁과 월지
삼국 통합을 기념하기 위해 동궁에 만든 화려한 인공 연못이에요. 이곳에서 나라의 큰 잔치를 열었어요.

고려 사람들은 어떻게 살았을까?

여기예요

신라가 역사의 저편으로 사라지자 한반도의 새로운 주인공으로 떠오른 나라는 고려였어요. 고려 사람들은 어떻게 살았을까요? 자, 이제 우리는 고려 시대로 가 봐요.

10세기가 다가오자 신라는 나라의 힘을 잃고 점점 혼란에 빠졌어요. 그런 가운데 새로운 사회를 꿈꾸던 왕건은 고려를 세우고 어지러운 세상을 하나로 통일했어요. 지방의 세력가들에게 선물을 보내고, 전쟁 대신 대화로 나라를 안정시키며 새 왕국을 건설했지요.

이 평화 정책으로 고려는 많은 사람의 신뢰를 얻을 수 있었고, 이후 불교를 바탕으로 한 문화 예술을 활짝 꽃피웠지요.

백성을 따뜻하게 만들어 준 목화

우선 전시실에 있는 고려 귀족의 집으로 가 봐요. 귀족의 집에서는 다섯 명의 사람들이 명주실을 잣고 있어요. 명주실은 목화로 만들지요. 문익점이 목화를 중국 원나라에서 가지고 왔다는 것은 잘 알고 있지요?

고려는 어떤 나라?

고려는 왕건이 918년에 세웠어요. 후삼국을 통일하고 거란에 의해 멸망당한 발해 유민을 받아들여 백성의 마음을 하나로 묶었어요. 고려는 무엇보다 불교를 바탕으로 한 귀족 문화가 한껏 꽃피었던 나라예요. 1392년 이성계에 의해 조선이 세워지기 전까지 우리 역사의 수많은 장을 장식했답니다.

현장 돌발퀴즈

서민의 집에서 두 여인이 하는 일은 무엇일까요?

힌트 방망이로 두드려 옷을 다듬는 일

고려 사람들은 어떤 옷을 입었을까요?

왕

왕비

유학자

23

고려의 귀족은 고급스럽고 품위있는 비단 옷을 좋아한단다. 옷감에 아름다운 무늬를 넣어 화려하게 입었어.

우리는 삼베나 모시로 만든 옷을 입었어. 비단 옷은 비싸서 입을 수 없었지만, 나중에는 목화로 만든 따뜻한 옷을 입을 수 있었지.

귀족의 옷차림

백성의 옷차림

우리 조상들은 목화를 재배하기 전에는 비단이나 삼베와 모시로 옷을 만들어 입었어요. 부드럽고 화려한 비단은 주로 수입품이었는데, 가격이 굉장히 비싸 귀족들이 즐겨 이용했답니다. 반면 백성들은 모시와 삼베로 지은 옷을 입었어요.

모시와 삼베로 만든 옷감은 올이 거칠고 뻣뻣해요. 여름에는 시원하지만, 추운 겨울을 나기는 곤란했지요. 그러다 고려 말 문익점이 중국에서 목화를 가져왔어요. 문익점이 장인 장천익의 도움으로 목화 재배에 성공하면서 목화가 전국에 보급되었지요. 그때부터 백성들도 따뜻한 겨울을 날 수 있게 되었어요. 목화로 만든 무명옷은 부드럽고, 목화 솜을 이용하면 두툼한 겨울옷을 만들 수 있거든요. 그때부터 백성들의 의생활은 크게 달라지기 시작했지요.

고려 문화의 꽃, 불교

이번에는 고려실 중앙에 있는 무량수전이라는 건물 앞으로 가 보아요. 무량수전은 어느 절에서나 볼 수 있는 금당이에요. 극락에 사는 아미타 부처님을 모셔 놓은 건물이지요.

목화로 어떻게 무명실을 만들까요?

여기서 잠깐!

문익점이 중국에서 목화씨를 들여온 후 무명이 전국적으로 퍼졌어요. 무명 천은 부드럽고 손질이 쉬워 사계절 내내 이용했지요. 아래 사진을 보고 무명 옷감을 만들기 위해 실을 잣는 순서를 알맞게 나열해 보세요. ( ) → ( ) → ( )

① 목화 부풀리기
씨앗을 뺀 목화 송이를 부풀려서 솜을 만들어요. 솜을 막대 모양으로 밀어 고치를 만들어요.

② 날틀로 실 고르기
열가닥의 실을 뽑아 내어 차곡차곡 담습니다. 이때 실의 가닥 수에 따라 옷감의 결이 결정 되지요.

③ 물레에서 실 뽑기
고치에서 실을 뽑을 때 물레를 사용해요. 물레를 돌리면 가늘고 짧은 실들이 꼬여 긴 실이 돼요.

고려 시대는 불교 문화의 전성기였어요. 부처님의 말씀은 고려 사람들에게 정신적 버팀목이었지요. 고려의 왕들은 백성의 마음을 하나로 묶고 나라의 평안을 빌기 위해 절을 세우고, 대장경을 만들거나 팔관회 같은 큰 축제를 열었어요. 나라가 나서서 불교 사업을 벌이다 보니 불교는 정치, 경제, 예술 등 사회 전반에 큰 영향을 끼쳤어요.

불교 문화는 주로 절을 중심으로 화려하게 꽃을 피웠어요. 절은 승려들이 모여 부처님의 가르침을 되새겨 공부하는 곳이며, 부처님을 상징하는 불상, 탑, 불경 등이 안치되어 있어요.

🏵 팔관회
매년 음력 10월 15일에 개경에서 부처님과 여러 신들에게 고려의 평안과 왕실의 안녕을 비는 축제를 가리켜요.

왕이 사는 곳, 만월대

고려의 궁궐인 황성을 살펴볼까요? 황성은 현재 북한의 개성에 있어요. 지금은 만월대라 불리는 터만 남아 있지만, 그 터만 보아도 황성이 얼마나 웅장했는지 알 수 있지요. 박물관의 모형에서도 알 수 있듯이 황성은 평지가 아닌 송악산 기슭을 따라 세웠어요. 낮은 곳에 축대를 쌓고 계단을 만들어 건물을 올린 거예요. 이렇게 높은 지대에 위치한 황성은 개성을 한눈에 내려다보았어요. 황제의 궁궐로서 위엄이 어땠는지 짐작되지 않나요? 비록 지금은 사라졌지만, 고려의 우수한 건축 예술이 아낌없이 반영된 건축물이에요.

고려의 수도 개경!

왕건은 개경(지금의 개성)을 수도로 삼았어요. 개경은 북쪽의 송악산이 팔을 벌려 감싸고 있는 듯한 모습이라 외적의 침입을 막기에 아주 알맞은 땅이지요. 또 예성강, 임진강, 한강을 끼고 있어 개경은 교통도 편리했어요. 이렇게 유리한 지형적 조건을 갖춘 개경은 국제 도시로서도 손색이 없었지요. 지방에서 만든 특산품들이 개경으로 모여들었고, 외국에서 상인들이 가져온 진귀한 수입품도 넘쳐났어요. 이렇게 상업과 무역이 활발하던 때, 아라비아 상인들이 고려를 '코레아'라고 부르면서 세계에 알려졌어요.

고려 시대의 건물

무량수전
극락에 사는 부처님인 아미타여래를 모셔 놓은 건물이에요.

만월대
고려 궁궐인 황성이에요. 지금은 그 터만 남아 있어요.

고려 시대 유물

청동 거울과 거울 걸이

광명대

인쇄술의 걸작, 팔만 대장경

이번에는 장경판을 새겨서 판가에 넣기까지의 과정을 재현한 모형을 볼까요? 고려는 인쇄술을 발전시킨 나라이기도 해요. 고려 때 제작된 직지심체요절이 세계에서 가장 오래된 금속 활자본으로 인정받는 것을 보면 알 수 있지요. 우리 조상은 금속 인쇄술뿐 아니라 목판인쇄술도 뛰어났어요. 대표적인 예가 팔만대장경이지요. 외적의 침입을 물리치려고 부처님께 기도하며 만든 팔만대장경은 나무로 만들어졌지만 지금까지 썩지 않고 그대로 보존되어 있답니다. 또 그 많은 글자 중에 틀린 글자가 없고, 글씨체가 아주 고르고 아름다워요. 세계적으로 우수성을 널리 인정 받은 팔만대장경은 현재 해인사 장경판전에 보관되어 있어요.

화려한 고려의 금속 공예

고려의 귀족들은 화려한 생활을 했어요. 그 생활을 돋보이게 했던 것이 바로 다양한 금속 장식품들이에요. 귀족들은 금이나 은을 이용해 다양한 장식품을 만들었어요. 금으로 사리탑이나 불상을 만드는가 하면, 물고기나 연꽃 무늬의 다양한 장신구와 거울 걸이, 나비 모양

팔만대장경은 어떻게 만들었을까요?

먼저 부처님의 말씀을 종이에 정리한 후에 산 벚나무를 베어서 썩지 않도록 바닷물에 담가 둡니다. 이렇게 담가 두었던 벚나무를 널빤지로 만들어서 부처님의 말씀을 정성껏 새겨 넣어 팔만대장경을 만들지요. 다음 그림을 보고 팔만대장경의 인쇄 및 조판 과정을 순서대로 표시해 보세요.

틀린 글자를 고치고 판을 검사한다.　(　)

건조시킨 후 판자를 다듬고 경판을 새긴다.　(　)

인쇄판에 먹물을 칠해 종이에 인쇄한다.　(　)

☞ 정답은 56쪽에

의 귀이개까지 만들었어요. 그 밖에도 은으로 만들고 금을 입힌 탁
잔 등은 고려 귀족이 얼마나 화려하게 생활했는지 알려 주지요.

고려 문화의 완성, 고려 청자

　은은하고 맑은 비취색에 부드럽고 우아하게 흐르는 곡선은 고
려 청자가 담고 있는 아름다움이에요.

　고려 시대는 사치스럽고 화려한 생활을 충족하기 위해 여러
가지 물건들을 만들어 사용했어요. 이런 귀족 취향의 문화가
고려 청자를 만든 바탕이 되었지요. 고려는 중국 도자기 기
술을 받아들였지만, 중국과는 다른 독특한 푸른색을 띤 청자
를 만들었어요. 특히 청자를 장식하는 상감 기법은 중국에도
없는 고려 청자만의 특징이지요.

상감기법이란?

도자기의 표면에 무늬를 그려 파
내고, 그 파인 홈을 고운 백토나
자토로 메꾼 다음 유약을 발라
구워요. 그러면 바탕색에 백토는
흰색 무늬로, 자토는 검은 색 무
늬로 아름답게 새
겨지지요. 푸른빛
만 띠던 청자는 상
감 기법으로 은
은하고 다채로
운 멋을 낼 수
있었어요.

여기서 잠깐!

고려 청자를 만들어요!

다음 사진은 고려 청자를 만드는 순서예요. 전시된 모형을 확인하고
고려 청자를 만드는 순서대로 번호를 표시해 보세요.

① 흙 다지기　　② 다시 굽기　　③ 불량품 부수기　　④ 유약 바르기　　⑤ 도자기 꺼내기

⑥ 조각하기　　⑦ 고사지내기　　⑧ 형태 만들기　　⑨ 처음 굽기　　⑩ 말리기

(①) ➡ (　) ➡ (　) ➡ (⑥) ➡ (　) ➡ (　) ➡ (⑦) ➡ (　) ➡ (　) ➡ (③)

☞ 정답은 56쪽에

조선 시대의 생활

모형촌

조선 시대 사람들은 어떻게 살았을까?
모형촌에는 조선 시대 사람들의
관혼상제, 농촌의 열두 달 세시 풍속과
어촌의 생활 풍경이 옹기종기 펼쳐져 있답니다.
모형을 따라 가다 보면 어느새 여러분은
조상들의 삶을 느낄 수 있을 거예요.

한눈에 보는 우리 역사

약 70만년 전 구석기 시대

기원전 8000년경 신석기 시대

기원전 2333년 고조선 건국

기원전 10세기경 청동기 시대

기원전 4세기경 철기문화 생성

기원전 5년 신라 건국

기원전 37년 고구려 건국

기원전 18년 백제 건국

660년 백제 멸망

668년 고구려 멸망

676년 신라 삼국 통일

698년 발해 건국

역사전시관

전통이 살아 숨 쉬는 민속

우리는 설이면 어른께 세배를 하죠? 정월대보름에 호두 같은 부럼을 깨물어 본 적이 있나요? 동짓날 붉은 팥죽은 먹었나요? 추석에 조상들께 차례를 지내 봤나요? 바로 이것이 민속이에요.

민속이란 옛날부터 전해 내려오는 생활 풍습을 뜻해요. 오랫동안 우리 조상들은 이 땅에 살면서 일 년 단위로, 그리고 평생에 걸쳐 되풀이되는 공통된 습관을 지니게 되었어요. 그것이 자리 잡아 고유한 전통 민속 문화가 만들어졌지요.

지금은 과학이 발달하고 사회가 변화하면서 우리의 민속 문화도 많이 달라지고 있어요. 하지만 예나 지금이나 그 속에 담긴 의미는 변하지 않았어요. 다양한 민속 문화에는 오랫동안 이어져 온 우리 조상들의 소중한 정신이 담겨 있거든요.

롯데월드 민속박물관을 돌아보며 민속 문화에 담긴 옛 조상들의 정신을 알기 바라요. 아무리 사회가 빠른 속도로 변하더라도 조상들에게 물려받은 소중한 정신만 잃지 않는다면, 우리는 새로운 전통 민속 문화를 만들어 갈 수 있을 테니까요.

918년 고려 건국
1392년 조선 건국
1443년 훈민정음 창제
1592년 임진왜란
1636년 병자호란
1779년 정조 즉위, 실학사상 꽃핌
1894년 동학농민운동
1897년 대한제국 수립
1905년 을사조약 체결
1910년 일제의 강제 합병
1919년 3·1 운동
1945년 8·15 국권회복

모 형 촌

조선 사람들은 어떻게 살았을까?

조선 시대는 앞선 여러 시대보다는 친숙하게 느껴지지 않나요? 그건 아마 현대와 조선이 가장 가까운 시대이기 때문일 거예요. 사실 지금 우리에게 남아 있는 많은 풍습들은 거의 조선 시대의 것이라고 봐도 좋지요. 자, 그럼 이제 모형촌에서 조선 시대 사람들의 생활을 살펴봐요.

조선은 건국 사상인 유교로 나라를 다스리며, 태어난 신분과 자신의 도리에 맞게 살도록 백성을 가르쳤지요.

양반의 생활은 어떠했을까요?

'양반'하면 어떤 생각이 드나요? 혹시 뒷짐 지고 팔자걸음에 거드름을 피우며 하인에게 불호령을 내리는 모습이 떠오르나요? 꼭 그렇지는 않았어요. 조선 시대 양반은 원래 유교 문화를 엄격하게 지켰던 지배층이에요. 남이 보거나 보지 않거나 흐트러짐 없이 행동하고, 부모에게 효도하며 학업에 힘써 과거에 급제하고, 나라를 위해 큰 뜻을 펼치기를 꿈꿨지요. 이런 양반들은 평생을 검소하게 살았어요. 책읽기나 활쏘기로 자신의 몸과 마음을 다스리면서 말이에요.

조선은 어떤 나라?
조선은 이성계가 1392년에 세웠어요. 고려의 문화를 계승하면서 유교 문화를 이루었어요. 특히 조선은 훈민정음 창제와 같이 자주적이며 창조적인 문자 발명. 아울러 과학, 기술, 예술에 있어서도 새로운 민족 문화가 일어났답니다. 농업을 중심으로 이어진 세시풍속은 오늘을 살아가는 우리에게까지 이어지고 있지요.

조선 시대 사람들의 삶

학문을 배우다
양반은 서당, 향교, 성균관을 거치며 과거를 목표로 교육을 받았어요.

관직에 오르다
남자들은 관직에 올라 세상에 이름을 떨치는 것이 목표였어요.

명예로운 은퇴를 하다
양반은 출세만큼 장수와 자손의 번창, 명예로운 은퇴를 원했어요.

남편은 아내를, 아내는 남편을 존중했고, 윗사람과 아랫사람 사이에는 질서가 있었지요. 그래서 집의 구조도 남자와 여자, 주인과 노비의 생활 공간이 구분되었어요. 그러나 유교 문화가 가르치는 질서와 도리를 이용해 백성을 못살게 구는 양반도 있었어요.

백성들은 어떻게 살았을까요?

백성들은 해가 뜨기도 전에 논과 밭으로 나가 종일 농사를 지었어요. 이런 하루를 일 년 내내 반복하며 성실히 살았지요. 하지만 갖가지 세금을 내야 했던 백성들은 풍년이 들어도 먹고살기가 어려웠어요. 그래서 농부들은 이웃끼리 서로 도우며 공동체 문화를 만들었어요.

조선의 백성들은 대부분 농사를 지었어요. 일부는 수공업과 상업에도 종사했지만, 조선은 농자천하지대본이라 하여 국가 정책으로 농업을 장려했답니다. 생활의 많은 부분을 농사일이 차지하다 보니, 농사는 백성들의 의식주에 큰 영향을 주었어요.

백성들은 나라에 세금을 내면서도 교육을 받을 기회는 없었기 때문에 관리가 될 수는 없었어요. 하지만 어렵고 힘든 생활 속에서도 백성들은 자신의 삶을 열심히 살았지요.

> ### 조선 시대의 신분
> 이전 시대와 마찬가지로 조선 시대도 엄격한 신분 사회였어요. 태어날 때부터 신분이 정해졌거든요. 양반, 중인, 상민, 천민으로 나뉘었는데, 양반과 중인은 지배층이고, 상민과 천민이 일반 백성들이었지요. 이런 신분 질서 속에서 양반은 많은 특권을 누렸고, 백성은 양반의 지배 아래 어렵게 살았어요. 신분 제도는 때때로 사회 발전을 가로막았지만, 가끔은 신분을 뛰어넘는 훌륭한 업적을 이루는 사람들도 있었어요.

🌀 **농자천하지대본**
농사짓는 일이 세상에서 가장 중요한 것이라는 뜻이에요. 즉 농업의 중요성을 강조하며 장려하는 말이에요.

농사를 짓다
백성은 대부분 농업에 종사했어요. 고된 농사일 속에서도 활기차게 생활했지요.

이웃 사촌과 정을 나누다
우물가에 모인 동네 아낙들은 집안 일을 서로 의논하며 정겹게 살았어요.

공동체 문화를 만들다
농사는 일손이 많이 필요해서 두레나 품앗이를 통해 공동체 문화를 가꾸었어요.

여기에요

왕의 생활은 어땠을까?

만약 여러분이 조선 시대 왕이라면 어땠을까요? 아마 하고 싶은 것을 자기 맘대로 할 수 있을 거라는 생각이 들 거예요. 먹고 싶은 것은 마음껏 먹고, 공부도 신하들에게 시키고, 놀고 싶을 때 실컷 놀 수 있다고 말이에요. 많은 신하들이 머리를 조아리는 위엄 있는 왕의 모습을 떠올리면 당연한 생각일지도 몰라요.

그런데 사실은 그렇지 않았어요. 조선 시대의 왕은 자기 마음대로 할 수 있는 게 별로 없었어요. 나랏일을 처리할 때는 물론이고, 심지어 왕비를 만날 때에도 신하들의 눈치를 살펴야 했지요. 학식이 높은 신하들과 경연을 하려면 밤 늦게까지 공부를 해야 했고, 공식 업무가 끝난 시간에도 밀린 일을 봤지요. 하지만 이런 일들은 모두 나라를 잘 이끌기 위한 노력들이었어요. 왕이 된 순간부터 왕위에서 물러날 때까지 나라를 다스리기 위한 노력을 한 순간도 게을리 한 적이 없었어요.

쉿! 저기 보세요. 경복궁의 근정전 앞마당에서 웅장한 왕의 즉위식이 열리고 있어요. 이곳에서는 왕의 즉위식 말고

조선의 궁궐, 경복궁
경복궁은 서울 세종로에 위치해 있어요. 경복궁은 조선이 건국될 때 세워졌다가 1592년 임진왜란 때 불에 탔어요. 그런데 1865년 흥선 대원군에 의해 다시 세워져 오늘에 이르렀지요.

현장 돌발퀴즈
경복궁 정문의 이름은 무엇인가요?

힌트

왕의 즉위식
경복궁의 근정전 앞마당인 조정에서 펼쳐지는 웅장한 왕의 즉위식은 《근정전진하도》를 바탕으로 재현했답니다.

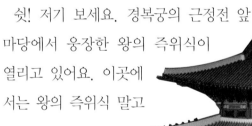

도 왕과 왕비의 대례식, 세자의 책봉식, 외국 사신의 방문 등과 같은 국가적인 경축 행사가 열렸어요.

성대한 왕의 즉위식

장중한 음악이 흐르는 가운데, 새 왕이 조정으로 들어서 천천히 근정전으로 향하고 있어요. 문무백관 모든 신하들이 조정에 모여, 새로 천하의 주인이 될 왕을 맞이해요. 이제 새 왕은 왕권을 상징하는 옥새를 받고 근정전의 용상에 오르지요.

"천세! 천세! 천천세!"

새 왕이 용상에 올라 자리에 앉으면, 조정을 가득 메운 신하들은 큰 소리로 천세를 외쳐요.

즉위식은 세자가 새 왕이 된 사실을 온 나라에 선포하는 성대한 의식이었어요. 하지만 왕위에 오르는 것이 즐거운 일만은 아니에요. 대부분 왕의 즉위식은 선왕인 아버지를 잃고 난 뒤 바로 이어졌거든요. 때문에 아버지를 잃은 슬픔과 나라를 다스려야 한다는 책임감에 새 왕의 마음은 몹시 무거웠을 거예요.

🏵 **용상**
왕이 나랏일을 볼 때 앉는 의자를 말해요.

🏵 **천세**
조선이라는 왕조의 운명이 오랫동안 영원하라는 바람을 담은 것이에요.

> 백성이 잘 사는 나라를 이루기 위해 왕은 끊임없이 노력하며 정치에 힘써야 하지. 왕이란 그만큼 무거운 책임감이 따르는 어려운 자리란다.

조선의 왕

여기서 **잠깐!**

근정전 앞마당을 가득 메운 사람들은 누구일까요?

경복궁 근정전 앞마당을 가득 메운 사람들은 신하인 문무백관, 즉 문신과 무신이에요. 그런데 문신과 무신이 어디에 서 있는지, 그들을 가리키는 말은 무엇인지 아래를 읽고 답해 보세요.

① 왕의 오른쪽에 서 있고, 문과에 합격한 신하들이에요. (   )
② 왕의 왼쪽에 서 있고, 무과에 합격한 신하들이에요. (   )
③ 왕의 양쪽에 있는 문무백관을 뜻하지만, 조선의 지배층을 가리키는 말이기도 해요.
(   )

보기 문신, 양반, 무신

☞ 정답은 56쪽에

궁궐에 사는 왕의 가족

왕위에 오른 새 왕은 궁궐에서 살았어요. 궁궐은 왕이 나랏일을 돌보는 곳이기도 하지만, 가족과 함께 사는 곳이기도 해요. 근정전 뒤를 돌아가 보면, 나랏일을 돌보는 집무실인 경복궁의 사정전과 왕비의 생활 공간인 교태전을 볼 수 있답니다. 또한 궁궐의 어른인 대비마마를 위한 공간인 자경전도 있어요.

왕은 나라 안팎을 돌보기도 하지만, 왕실 가족의 가장이기도 하지요. 아침과 저녁으로 웃어른들을 찾아 문안을 여쭙고, 왕비와 궁궐 살림을 의논했으며, 왕자와 공주들의 교육과 왕족들의 생활까지도 살폈지요.

궁궐에는 또 누가 살았을까요?
궁궐에 왕의 가족들만 살았던 건 아니에요. 왕을 보호하고 궁궐을 지키는 궁궐 수비대, 왕을 모시는 내시와 상궁, 중전을 도와 궁궐 살림을 맡았던 궁녀들도 살았지요. 뿐만 아니라 나랏일을 맡은 신하들은 궁궐로 출근하여 학문을 탐구하기도 하고, 효과적으로 나랏일을 처리할 수 있는 방법들을 연구했어요.

🌸 **대리청정**
세자가 왕을 대신해 나랏일을 하는 것을 말해요.

궁궐의 사람들

왕비

경복궁 교태전
중궁전이라고도 하는 교태전은 왕비의 침전이에요. 왕비를 위해 교태전 뒤에는 아미산이라는 후원을 만들었답니다.

세자

경복궁 사정전
사정전은 왕의 집무실이에요. 왕은 이곳에서 나랏일을 돌보지요. 장차 국왕이 될 세자도 이곳에서 대리청정하기도 했어요.

대비

경복궁 자경전
자경전은 왕의 어머니이자 왕가의 어른인 대비마마를 위한 공간이에요.

신하

창덕궁 주합루
1층은 궁중 도서관인 규장각이고, 2층은 왕과 신하가 학문과 나랏일을 토론하던 곳이랍니다.

그러나 왕이 궁궐 내 모든 일을 관리하는 것은 아니었어요. 궁궐의 안 살림은 왕비가 도맡아 했어요. 왕비는 왕을 내조하며, 궁중의 어른인 대비를 모셨지요. 조선 시대는 여자와 남자의 일이 구분되었던 만큼 궁궐 내 살림을 왕이 간섭할 수 없었어요.

왕에게는 왕비 말고도 부인이 또 있었어요. 바로 후궁이지요. 왕은 나랏일을 잘 돌보는 것도 중요했지만, 왕위를 물려줄 후손을 많이 보는 것도 중요한 일이었거든요.

궁궐 내에서 누구보다도 주목받는 사람이 바로 세자였어요. 세자는 동궁전에 머물면서 장차 국왕이 되기 위해 학문을 닦았지요. 또 왕을 대신해 나랏일을 돌보기도 했어요. 훌륭한 왕은 한순간에 되는 게 아니라 끊임없는 노력과 공부로 이루어지는 것이니까요.

현장돌발퀴즈

왕비의 생활공간인 교태전 뒤에 있는 계단식 후원은 어디일까요?

① 아니산　② 암이산
③ 아미산　④ 안이산

◉ **경연**
왕과 신하들이 모여서 책을 읽고 토론하는 걸 말해요.

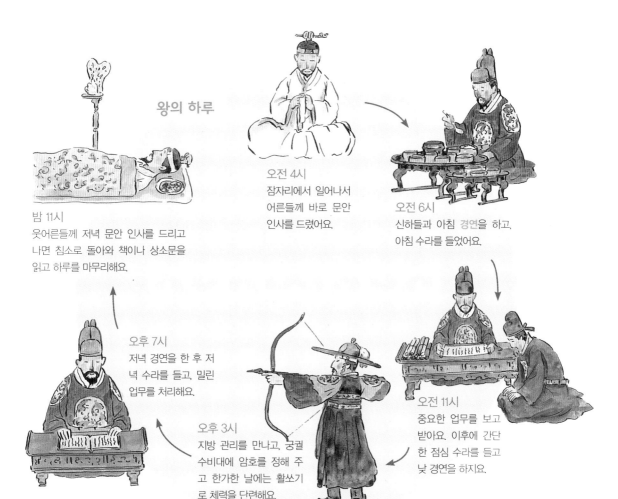

왕의 하루

밤 11시
웃어른들께 저녁 문안 인사를 드리고 나면 침소로 돌아와 책이나 상소문을 읽고 하루를 마무리해요.

오전 4시
잠자리에서 일어나서 어른들께 바로 문안 인사를 드렸어요.

오전 6시
신하들과 아침 경연을 하고, 아침 수라를 들었어요.

오후 7시
저녁 경연을 한 후 저녁 수라를 들고, 밀린 업무를 처리해요.

오후 3시
지방 관리를 만나고, 궁궐 수비대에 암호를 정해 주고 한가한 날에는 활쏘기로 체력을 단련해요.

오전 11시
중요한 업무를 보고 받아요. 이후에 간단한 점심 수라를 들고 낮 경연을 하지요.

여기예요

백성들은 어떻게 살았을까?

조선은 유교를 바탕으로 농업을 중요하게 여겼기 때문에 우리 조상들의 일생 의례에도 많은 영향을 끼쳤어요. 일생 의례란 사람이 태어나고 자라서 결혼을 하고, 늙고 마침내 죽음을 맞이하는 과정에서 겪게 되는 일이랍니다. 돌잔치, 성년식, 혼인, 장례 등을 말해요. 우리 조상들은 이 의례에 많은 의미를 두었어요. 그래서 일생 의례를 따라가다 보면 조상들의 삶을 이해할 수 있지요. 이제 백성들이 어떻게 살았는지 생생하게 꾸며 놓은 모형을 통해 알아봐요. 참, 일생 의례와 관련된 모형은 세시 풍속의 모형과 어우러져 있으니, 숨은 그림 찾듯이 잘 찾아보세요.

선바위
여인들은 이 바위에 소원을 빌면 모두 이루어진다고 옛 사람들은 믿었어요. 그래서 아이를 낳게 해 달라고 이 바위에 빌었어요. 바위는 서울 인왕산에 있어요.

축복 받은 탄생과 돌잔치

"응애, 응애……."

아이가 태어난 순간부터 일생 의례는 시작되었어요. 의학이 발달하지 않은 옛날에는 갓난아기가 잦은 병치레로 일 년을 채 넘기기가 힘들었어요. 그래서 일 년을 무사히 넘기면 첫 번째 생일인 돌잔치를 크게 열어 축하해 주었지요. 돌잔치는 아기가 세상에 태어나서 첫 번째로 치르는 의례랍니다.

돌잔치 모형은 찾았나요? 돌상에 무엇이 올라왔는지 확인해 보세요. 수수경단, 백설기, 대추와 싱싱한 과일들을 올려요. 아기가 아무 탈 없이 오래 살기를 바라는 마음이 담긴 음식들이지요. 또 책과 붓, 활이나 바늘, 쌀과 실 등을 늘어놓고 돌잡이를 해요. 물건이 가진 특징으로 아이의 장래를 점쳐 보는 흥겨운 절차였어요.

돌잔치
아기가 태어나 첫 번째 맞는 생일에는 집안 친척을 불러 모아 큰 잔치를 벌여요. 아기의 건강을 기원하고 미래를 축복하기 위해서지요.

아이에서 어른으로 가는 관례

현장 돌발퀴즈
아래 사진은 어느 곳의 모형
일까요? 동헌이 중심이 되는
지방관청이에요.

　이제 아이는 자라 어른이 되기 위해 관례를 치러요. 성인식을 뜻하는 관례는 보통 결혼 전에 하는데, 관례를 치르면 남자는 상투를 틀고 여자는 쪽을 쪄 비녀를 꽂았어요.

　그런데 나이가 들면 저절로 어른이 되는데, 왜 관례를 치렀을까요? 그것은 어른의 삶이 어릴 때와는 아주 다르기 때문이지요. 어렸을 때는 부모가 모든 것을 책임지지만, 어른이 되면 달라지지요. 자신은 물론이고 가족까지 책임지며, 부모에게는 자식된 도리를 다하고 나라의 백성으로서 도리를 다해야 하지요. 이렇듯 막중한 책임을 지닌 어른이니만큼 그 첫발을 내딛는 순간부터 축하받고 특별한 의미와 각오를 다지라는 뜻에서 관례를 치렀지요. 관례를 치르는 모형을 찾았나요? 관모를 쓴 인형의 표정이 사뭇 진지해 보이지요?

관례
아이가 자라 어른이 되면 이를 축하하는데, 그 의식을 관례라고 해요. 이제 가정뿐 아니라 사회의 구성원으로서 역할과 책임을 갖게 되지요.

여기서
잠깐!

자신의 돌잡이를 적고 그 뜻을 알아 보아요.

돌잡이는 요즘도 꾸준히 행해지는 풍속이에요. 아기가 집는 물건을 보고 미래를 예측하는 것이에요. 자, 그러면 돌잡이 때 잡는 물건에는 어떤 뜻이 있는지 연결해 보세요. 그리고 자신은 돌 때 무엇을 집었는지 적어 보세요.

책이나 붓 ·　　　　　　　　　　· 뛰어난 손재주

활과 화살 ·　　　　　　　　　　· 부자

바늘과 자 ·　　　　　　　　　　· 용맹한 장군

실이나 국수 ·　　　　　　　　　　· 명예와 높은 관직

쌀과 돈 ·　　　　　　　　　　· 무병장수

돌잡이 때 내가 집은 물건 ＿＿＿＿＿＿＿ 이에요.
....

정답은 56쪽에

새로운 출발, 혼례

예부터 혼례는 인생에서 가장 크고 즐거운 잔치예요. 단순히 남자와 여자가 결혼하는 것이 아니라 가문과 가문이 만나는 일이며, 개인에게는 새로운 삶의 출발이기 때문이지요. 그래서 유교 문화 속에서는 혼례를 인륜지대사라며 중요하게 생각했어요.

💮 **인륜지대사**
사람이 사는 동안 겪는 일 중 가장 중요하고 큰 일이라는 뜻이에요.

모형을 보면 혼례를 치루는 신랑과 신부가 맞절을 하며 백년해로할 것을 약속해요. 이렇게 많은 친척들과 이웃의 축하를 받으며 혼례를 치르지요. 우리 조상들은 기쁨은 나눌수록 커진다고 생각했어요. 그래서 옛날에는 동네가 떠들썩하도록 잔치를 열었답니다. 두 사람이 금실 좋은 부부로 평생을 살기를 바라는 마음이지요. 그런데 혼례가 치러지는 건물 뒷편에서 울고 있는 꼬마 아가씨가 있네요. 언니가 멀리 시집을 가는 게 서운해 울고 있나 봐요.

혼례
한 쌍의 남녀가 만나 혼인을 하는 것은 두 집안의 큰 경사지요. 그래서 예나 지금이나 많은 친척들이 모여 새롭게 출발하는 두 사람을 축하해 주었어요.

나무로 만든 기러기 한 쌍

혼례를 치를 때 신랑은 신부에게 나무로 만든 기러기 한 쌍을 선물했어요. 기러기는 한번 짝을 맺으면 평생을 금실 좋게 사는 새거든요. 옛 어른들은 아들에게 기러기에 관한 이 이야기를 들려주며 혼례에 쓸 기러기 한 쌍을 직접 깎게도 했어요. 결혼에 대한 의미를 되새겨 보라는 뜻으로 말이에요. 신랑은 그 마음을 신부에게 전하는 뜻으로 기러기를 선물했답니다.

큰 뜻을 이룰 과거 시험

조선 시대의 남자들은 높은 관직에 올라 나라를 위해 큰 뜻을 펼칠 꿈을 품는 경우가 많았어요. 그러려면 과거를 치러야 하는데, 과거 급제는 하늘의 별따기만큼 어려웠답니다. 그래서 과거 급제는 개인은 물론이고 가문의 영광이요, 마을의 경사였어요. 과거에 급제하면 왕이 내린 어사화를 꽂고 고향으로 금의환향했답니다.

유가 행렬 모형을 잘 살펴보면, 어사화를 꽂은 과거 급제자가 의기양양하게 고향으로 돌아오는 모습이 보여요. 높은 벼슬에 올라 출세하고, 나라를 위한 큰 뜻을 펼쳐 세상에 이름을 떨치는 꿈을 꾼 조선 시대의 양반을 만나 보아요.

부모님의 장수를 바라는 회갑

예로부터 우리나라는 회갑을 아주 중요하게 생각했어요. 회갑은 사람이 태어나서 60번째 맞는 생일을 말해요. 조선 시대 사람들의 평균 수명이 40세 정도였으니, 회갑을 치를 수 있을 만큼 오래 살았다는 것은 축복받는 일이었지요. 그래서 회갑이 되면 자손들이 떡, 과실, 과자 등으로 큰상을 차리고 사람들을 초대해 부모님의 만수무강을 빌었어요. 모형촌 어디에서 회갑 잔치를 벌이고 있는지 찾았나요? 가운데 회갑을 맞은 부모님께 큰 절을 올리는 아들 부부가 보이지요?

유가 행렬

과거에 급제한 사람은 어사화를 꽂고 풍악을 울리며 삼일 동안 스승과 일가 친척을 찾아 뵙고 인사를 올렸답니다.

현장 돌발퀴즈

아래 사진은 서시풍속 중 어느 명절 때의 모습일까요? 창포로 머리를 감는 날이지요.

힌트 음력 5월 5일

여기서 잠깐!

수원화성에서 기념 사진 한 컷!

모형촌을 이곳 저곳 돌다 보면 우뚝 서 있는 성 하나를 만날 수 있어요. 바로 세계문화유산으로 지정된 수원화성이랍니다. 조선 후기 실학사상이 이루어 낸 수원화성은 아주 과학적으로 설계되었어요. 뿐만 아니라 백성을 사랑하고 부모에게 효를 다한 정조의 마음도 담겨 있지요. 벽돌 하나하나 정성껏 쌓아올린 수원화성을 잘 살펴보고 마치 수원화성을 지키는 군대인 장용영처럼 사진도 한 컷 찍어 보세요.

회갑연
부모님이 61세를 맞이하면 큰 잔치를 열어 부모님의 만수무강을 빌었어요. 그리고 손님들을 초대해 흥을 돋우며 부모님의 생신을 축하했지요.

회갑 잔치는 부모님의 건강과 장수를 기원할 뿐 아니라 길러 주신 은혜에 보답하고자 하는 뜻도 있어요. 그래서 부모님이 돌아가셨어도 회갑 날을 맞이하면 은혜에 감사하며 제사를 지내기도 했지요.

죽은 이의 넋을 위로하는 상례와 제례

사람은 태어나면 언젠가는 죽게 되어 있어요. 우리 조상들은 탄생이 귀했던 만큼 그 끝인 죽음의 순간도 소중하게 여겼어요. 죽음을 끝이 아니라고 생각했으니까요. 죽으면 원래 있던 곳으로 돌아간다고 생각해서 '돌아가셨다.'고 하지요. 이렇게 죽음을 삶의 또 다른 연장이라고 생각했기 때문에 상례나 제례를 다른 어느 의례보다 격식을 갖춰 정성스럽게 지냈답니다.

상례는 사람이 죽었을 때 그 넋을 위로하고 시신을 땅에 묻는 절차예요. 상례를 지내는 모형을 잘 살펴보면 흰 옷을 입은 사람들이 상여를 지고 가고 있지요. 그 뒤를 슬픔에 겨워 우는 가족이 뒤따르고 있어요.

"이제 가면 언제 오나, 어이야. 어이야."하는 곡소리가 들리나요?

우리 조상들에게는 제례도 특별했어요. 제례는 이미 죽은 분을 기억하며 지내는 의식으로 제사라고도 해요. 우리가 아무 탈 없이 잘 사는 것은 모두 조상의 은덕이라고 여겼기 때문에 깍듯이 제사를 지냈어요.

장례의 종류
사람이 죽으면 시신을 처리하는 절차를 상례 또는 장례라고 해요. 장례는 매장 방법에 따라 여러 가지가 있어요. 그중에서 매장과 풍장, 그리고 화장하는 방법이 있지요.
요즘은 매장이나 화장하는 방법을 많이 택하지만, 옛날에는 지역에 따라 풍장으로 장례를 치르기도 했어요.
매장은 죽은 사람을 땅에 묻는 것으로 토장이라고도 해요. 풍장은 매장하지 않고 옷을 입힌 채 관에 넣어서 공기 중에 놓아 두는 것이에요. 대개 숲속 그늘, 동굴 속에 넣어 두는데 나중에 유골만 골라서 항아리에 담아 제사를 지내기도 한답니다. 화장은 죽은 사람을 불에 살라 장사 지내는 것으로 화장한 후 유골은 납골당이나 납골묘에 안치하지요.

매장   화장   풍장

상례
부모님이 돌아가시면 슬픔을 억누르고 명복을 빌었어요. 또 부모를 위해 산소에 움막을 짓고 3년 동안 돌보기도 했어요.

상례나 제례 모두 죽은 이의 넋을 위로하는 일이라 절차가 까다로웠지만, 돌아가신 조상에 대한 예의를 지키려고 애썼어요. 그래서 어떤 의식보다 정성을 다했고, 경건하게 조상을 기리는 마음을 담아 상례를 지냈어요.

현장 돌발퀴즈

상례 모형 옆에는 겨울철의 전통놀이를 즐기는 아이들 모형이 있어요. 어떤 전통놀이를 즐기고 있나요?

힌트

조선과학유물실

조선과학유물실에는 혼천의, 자격루, 앙부일구, 측우기, 농사직설 등이 있어요. 이 과학 유물을 통해 조선 시대 때 발전했던 과학의 우수성을 느껴 보아요.

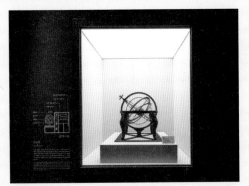

혼천의
천체의 운행과 그 위치를 측정하던 천문관측기예요.

측우기
농사짓는 데 중요한 강수량을 측정하기 위해 제작된 기구예요.

자격루
'스스로 치는 시계'라는 의미로, 물시계에서 눈을 떼지 못하고 시각을 확인해야 하는 백성들의 어려움을 덜기 위해 만들었어요.

다사다난한 마을 풍경

　이제는 모형촌 구석구석을 살펴보며 조선 시대 사람들의 생활 모습을 좀 더 자세하게 알아 보기로 해요. 조선 시대에는 한 고을을 다스리는 수령이 있었고, 고을을 이루고 있는 마을에는 많은 백성들이 옹기종기 모여 살았어요. 저기, 농부 아저씨들이 모여 타작을 하고 있어요. 타작하는 모습을 보니, 한 해의 농사를 마무리하는 계절인가 보

원두막
옛날에는 과일을 서리하는 아이들이 있어서 원두막에서 과일을 지켰어요.

곶감 만들기
감을 깎아 대나무나 실에 매달아 곶감을 만들었어요. 훌륭한 간식이지만 너무 많이 먹으면 안 된다는 사실 여러분도 알죠?

동제
마을에 사는 사람들이 동네의 안녕과 풍요를 기원하며 지내는 제사를 말해요.

타작
이삭에 달린 낱알을 골라 내는 일이에요. 힘들지만 기쁜 일이지요.

오줌싸개
이부자리에 오줌을 싸면 버릇을 고치려고 소금을 얻으러 다녔어요.

아요. 아하, 그래서 아낙들이 모여 김장도 하고 있군요. 이렇게 바쁘게 일하는 수확철에는 농악대가 나와서 꽹과리와 북을 치며 춤을 추지요. 농악대는 마을 사람들의 일손에 흥을 북돋고, 마을의 평화와 행복을 위해서 기원을 한답니다. 이런 모습을 보면 우리 조상들은 이웃과 가깝게 지내고 서로 도와 가며 살았다는 것을 확인할 수 있지요. 아래 각각의 모습들을 모형촌에서 만나 보세요.

길쌈
집에서 삼, 누에, 모시, 목화 등으로 옷감을 짜는 일이에요. 무척 힘든 일이었지만, 가족을 위해 마다할 수는 없었지요.

김장
김장은 일손이 많이 필요하니까 이웃사촌끼리 도왔어요. 김장을 하고 나면 겨울이 든든해요.

짚신 만들기
추수가 끝나도 농부는 바빠요. 가마니도 짜고, 일 년 동안 신을 짚신도 만들면서 여전히 바쁜 나날을 보내지요.

여기예요

시끌벅적 흥겨운 장터

시골 장터나 재래시장 같은 곳에 가 본 적이 있나요? 지금의 대형 마트처럼 편리하지는 않지만, 물건을 사고 파는 사람들의 인심만은 넉넉하고 풍성한 곳이지요. 모형촌에서 여러 상인들이 드나들고 수많은 사람들이 물건을 사고 파는 시끌벅적한 장터를 볼 수 있답니다.

그런데 이런 시골 장터나 재래 시장은 그저 물건을 사고 파는 곳만

포목점
비단이나 무명 등 다양한 옷감을 파는 가게예요. 옛날에는 옷감이 아주 귀했답니다.

주막
술이나 밥을 사먹을 수도 있고, 잠깐 쉬거나 숙박도 할 수 있어요.

윷놀이
동네의 공터, 시장터 등에서 남녀노소가 함께 즐기는 오락이었어요.

옹기전
집안의 음식 솜씨를 가늠하는 중요한 장 등을 보관하는 옹기를 팔았어요.

소 시장
농사를 짓는 데 중요한 역할을 하는 소를 사고 파는 곳이에요.

은 아니었어요. 이 고을 저 고을에서 모여든 사람들이 각 마을의 정보를 나누기도 하고, 평소 구하기 힘든 물건도 구할 수 있었어요.

장터에는 소를 파는 소시장(쇠전), 곡물전, 옹기전, 포목전, 어물전, 과일전, 유기전, 철물전, 갓전, 신전, 소쿠리전, 채소전, 약전 등의 좌판이 구역을 정해 자리 잡고 있었어요. 이 가게들은 모형촌 장터의 어느 자리에 위치하고 있는지 찾아 보세요.

여기서
잠깐!

조선 시대의 장터에는 이것을 보는 곳도 있었어요.
태어난 해와 달과 시간으로 한 해의 운수를 보는 것이지요. 토정 이지함이 지었다는 책의 이름에서 유래한 이것은 무엇일까요? 장터에서 찾아 보세요. (   )

☞ 정답은 56쪽에

나루터
시장에서 팔 물건들은 주로 배로 운반했어요. 그래서 배는 중요한 교통수단이었지요. 시장은 주로 나루터 주변에서 발달했어요.

남사당
남사당패의 공연은 흥겨운 놀이마당으로 볼거리가 없는 백성들로부터 환영받았어요.

약재상
건강을 관리하고 병을 치료하기 위해 여러 가지 한약 재료를 구할 수 있는 가게예요.

만물상
없는 게 없는 만물상에서는 일상생활에 필요한 온갖 물건을 팔아요.

건어물전
오랫동안 저장할 수 있는 말린 해산물이나 생선을 파는 가게예요.

45

철썩철썩 바닷가 마을

우리나라는 삼면이 바다로 둘러싸여 있고, 섬이 많아요. 그래서 농촌의 풍경만큼 바닷가의 풍경도 우리에게 익숙하지요. 모형촌에서는 생생한 어촌 풍경을 만날 수 있어요. 바로 제주도랍니다. 저기 멀리 물 속에서 자맥질을 하는 해녀가 보이네요. 바닷속을 한참 돌아다니던 해녀가 전복, 소라, 미역 등을 따서 올라왔어요. 마을 한쪽에서는 그물을 손질하는 어부들의 모습도 보여요.

그물 손질하기
물고기를 잡아 생활하는 사람에게 그물은 무엇보다 소중해요. 물고기가 그물에서 빠져 나가지 않게 늘 그물을 살피고 손질했지요.

해녀
해녀는 다른 말로 잠녀라고도 해요. 남자들보다 더 활발하게 자맥질을 해 다양한 해산물을 건져 올린답니다.

이렇듯 어촌에서는 바닷가에 나가 조개나 낙지, 굴 등을 캐어 생활하거나 배를 타고 바다에 나가 물고기를 잡아 생활했어요. 어촌은 바다가 삶의 터전이었고 고기잡이와 해조류 채취가 주된 삶의 방식이었기 때문에 이런 생활 형태와 관련된 도구들을 쓰임새별로 다양하게 갖추고 있었답니다. 특히 제주도는 논농사나 밭농사보다는 어업이 가장 중요한 생업이었어요.

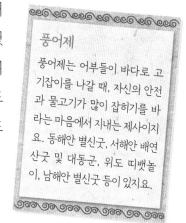

풍어제

풍어제는 어부들이 바다로 고기잡이를 나갈 때, 자신의 안전과 물고기가 많이 잡히기를 바라는 마음에서 지내는 제사이지요. 동해안 별신굿, 서해안 배연신굿 및 대동굿, 위도 띠뱃놀이, 남해안 별신굿 등이 있지요.

여기서 **잠깐!**

제주도 가옥의 대문인 정주석과 정낭

도둑 없기로 유명한 제주도의 대문에는 문짝 대신 정낭이라는 막대 세 개가 걸쳐 있을 뿐이에요. 이 막대로 주인의 행방을 알렸답니다. 세 개가 다 내려져 있으면 집에 주인이 있다는 표시래요. 그렇다면 정낭을 올린 수에 따라 어떤 의미가 담겨 있는지, 맞는 것을 골라 연결해 보세요.

정낭 하나 •
정낭 둘 •
정낭 셋 •

• 멀리 갔으니, 좀 있다가 온다.
• 아주 멀리 갔으니, 늦게 집에 온다.
• 가까운 곳에 있으니, 금방 돌아온다.

☞ 정답은 56쪽에

용왕제

어촌에서는 바다가 아주 중요한 생활 터전이었어요. 그래서 고기잡이를 나갔을 때 안전과 안녕을 기원하기 위해 해마다 용왕제를 지냈답니다.

롯데월드 민속박물관을 나오며

자, 이제 롯데월드 민속박물관을 다 돌아보았어요. 여러분은 이곳에서 무엇을 보고 무엇을 느꼈나요?

선사 시대부터 조선 시대까지, 우리 조상들이 어떻게 살았는지 조금은 알게 되었을 거예요. 우리나라는 아주 옛날부터 농사를 지었어요. 그래서 무엇보다 농사와 관련된 민속들이 많아요. 일생 의례, 열두 달 명절, 세시 풍속 등이 그러하지요. 이처럼 농사는 우리 민족과는 떼려야 뗄 수 없는 부분이에요. 그리고 불교와 유교 또한 우리 민족과 밀접한 관련이 있어요. 현재까지 남아 있는 많은 유물과 풍속들이 불교와 유교의 흔적들이에요.

이처럼 우리 민족은 다양한 문화를 남기면서 살아왔어요. 하지만 지금은 어떤가요? 우리 고유의 민족 문화를 점점 잃어버리고 있지는 않나요? 역사나 종교, 그리고 사람들의 생활상이 그대로 담겨 있는 문화는 하루 아침에 이루어지는 것이 아니에요. 그 속에는 우리 민족만이 가질 수 있는 독특한 생명이 깃들어 있지요. 그런데 그것을 잃어버린다면 우리의 뿌리를 잃어버리는 것이고, 우리의 참 모습을 잃어버리는 것이에요.

 그렇다면 어떻게 해야 할까요? 여러 가지를 고려해야 하겠지만 무엇보다도 가장 중요한 것은 조상들이 남겨 놓은 많은 유물이나 유적을 소중하게 지키는 것이랍니다. 그리고 그런 것들에 대해서 많이 알고 있어야 할 거예요.

 롯데월드 민속박물관을 돌아본 어린이들은 이런 생각을 했을 거예요. 사람이 태어나고, 자라서 어른이 되고, 나이가 들어 죽음을 맞이할 때까지 단 한 순간도 삶을 소홀히 하지 않았던 우리 조상들이 있었다는 것을요. 그리고 여러분도 우리 조상들의 삶의 모습을 통해 가족이나 친구, 여러분이 얼마나 소중한 존재인지 느낄 수 있었을 거예요. 자, 그럼 우리 함께 오랜 역사 속에서 슬기롭게 살았던 우리 조상들을 자랑스럽게 생각하며, 우리 고유의 전통과 민속을 배우고 익히는 데 노력해 보아요.

주변 돌아보기

우리 조상들이 남긴 또 다른 자취를 찾아서

롯데월드 민속박물관에서는 다양한 전시물과 아기자기한 모형을 통해 조상들의 삶을 들여다볼 수 있어요. 그렇다면 이제 그 흔적을 직접 찾아볼까요? 롯데월드 민속박물관은 한강에서 무척 가까운 곳에 위치해 있는데, 그 근처에는 신석기 시대부터 백제 사람들이 살았던 유적지가 잘 보존되어 있답니다. 그 흔적을 찾아서 출발!

한강
한강은 예나 지금이나 우리에게 아주 중요한 물줄기예요. 한강에는 물고기가 풍부하고 땅이 기름지며, 필요한 물을 언제든지 구할 수 있고, 교통이 편리하거든요. 그래서 예부터 한강 주변에는 많은 사람들이 모여 살았답니다.

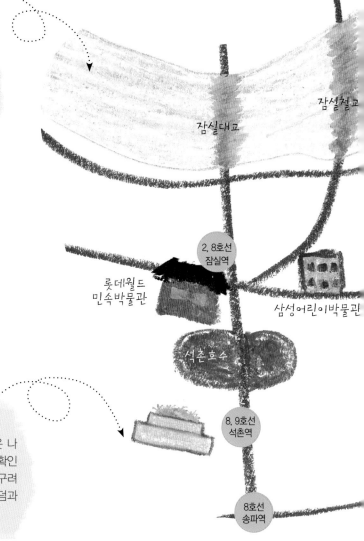

석촌동 고분군
백제는 고구려에서 내려온 사람들이 세운 나라예요. 석촌동 고분에 가면 그 증거를 확인할 수 있어요. 이곳 돌무지 무덤은 옛 고구려의 땅 압록강 주변에 있는 고구려의 무덤과 똑같거든요.

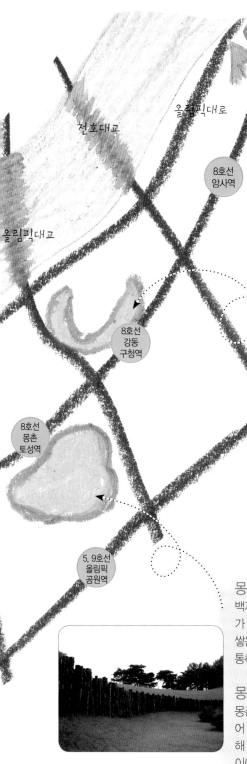

올림픽대로

전호대교

8호선
암사역

올림픽대교

8호선
강동
구청역

8호선
몽촌
토성역

5, 9호선
올림픽
공원역

암사동 선사주거지

한강 가에는 신석기 시대부터 사람들이 살았어요. 한강이 가까운 곳에 움집을 짓고, 들판에 농사를 지었지요. 암사동 선사주거지에 가면 움집과 유물, 그리고 모형들이 전시되어 있어요. 신석기 시대 사람들의 생활 모습을 짐작해 볼 수 있답니다.

풍납토성

몽촌토성과 더불어 풍납토성은 백제의 왕성일 가능성이 높은 유적지예요. 지금은 높다란 흙성만 남아 있는 듯하지만 주택가 아래에는 1500여 년 전 백제의 유적층이 고스란히 잠들어 있었답니다. 최근 풍납토성에서 엄청난 양의 토기와 기와들이 발굴되면서 한성 백제의 중요한 유적지로 떠오르고 있으니 꼭 들러 보세요.

몽촌토성

백제는 한강을 중심으로 나라를 세웠어요. 몽촌토성은 백제의 수도가 서울이었다는 사실을 보여 주는 유적지예요. 침입을 막기 위해 쌓은 토성이나 토성 주위를 두른 해자, 건물터에서 발견된 유물을 통해 알 수 있지요.

몽촌역사관

몽촌토성과 풍납토성, 주변의 고분군에서 발굴된 유물들이 전시되어 있어요. 다양한 모형과 전시물을 통해 백제의 생활 모습을 확인해 볼 수 있답니다. 몽촌토성에 간다면 빼놓지 말고 꼭 들러야 할 곳이에요.

나는 롯데월드 민속박물관 박사!

열심히 롯데월드 민속박물관을 둘러본 우리 친구들! 모두 수고했어요. 선사 시대부터 조선 시대 우리 조상들의 생활을 둘러보고 나니 어떤가요? 많이 알게 되었나요? 이제부터 우리 역사와 민속에 대해 얼마나 알고 있는지 스스로 확인해 보세요.

① 알맞는 것끼리 연결하세요.

우리 조상들의 일생 의례를 관혼상제라고 해요. 관혼상제가 무엇을 가리키는지 연결해 보세요.

관 · · 喪 · · 장례

혼 · · 冠 · · 결혼식

상 · · 祭 · · 성년식

제 · · 婚 · · 제사

② 각 나라를 대표하는 문화유산을 찾아보아요.

롯데월드 민속박물관에는 각 시대별로 대표적인 문화유산이 전시되어 있어요. 그 문화유산만으로도 각 시대의 특징을 잘 알 수 있지요. 나라 이름으로 사다리를 잘 타고 내려가서 사진을 보고, 각 문화유산의 이름을 써 보세요.

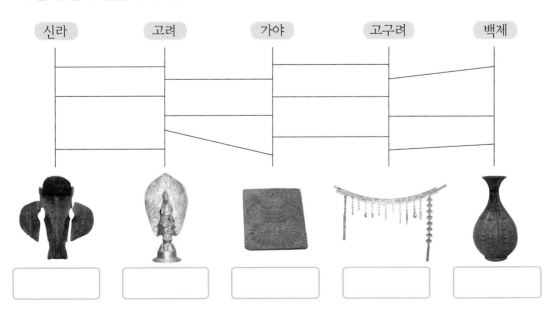

신라　　　고려　　　가야　　　고구려　　　백제

❸ O, X퀴즈를 풀어 보아요.

롯데월드 민속박물관에 대한 다음 설명을 읽고 맞으면 O, 틀리면 X로 대답해 보아요.

(1) 신석기 시대는 청동을 가진 족장이 지배하는 불평등한 사회이다. (   )

(2) 고구려 사람들은 벽화에 그림을 그릴 때 신분에 따라 크기를 다르게 그렸다. (   )

(3) 신라 사람들은 따뜻한 목화솜으로 만든 무명 옷을 입고 살았다. (   )

(4) 가야는 한때 풍부한 철과 편리한 바닷길을 이용해 무역으로 큰 이익을 보았다. (   )

(5) 고려의 백성들은 귀족처럼 비단 옷에 금으로 만든 장신구로 화려하게 장식했다. (   )

(6) 조선 시대의 농업은 의식주와 세시 풍속 등 생활에 많은 영향을 주었다. (   )

❹ 전통문화에 대해 이야기해 보아요.

전통문화에 대한 토론 시간이에요. 반 친구들의 생각이 크게 두 가지의 의견으로 나뉘었어요. 장례나 제례에 대한 두 친구의 주장을 들어 보고, 그 의견을 바탕으로 자신의 생각을 이야기해 봐요.

> 슬기: 옛날의 장례나 제례는 절차가 너무 까다롭고 비용도 많이 들어. 바쁜 요즘 생활과는 너무 맞지 않으니 간소화시켜야 해.
>
> 지혜: 조상님의 은혜를 생각해 봐. 까다롭고 수고스럽더라도 정성과 예의를 다해 장례와 제례를 치러야 하지 않을까? 사라져가는 전통을 되살리기 위해서라도 말이야.

(1) 우리 조상들은 일생 의례 중에서 왜 장례와 제례를 가장 중요하게 여겼을까요?

(2) 사회가 변화하면서 옛날에 비해 오늘날의 장례와 제례는 많이 달라졌어요. 어떤 점이 달라졌을까요? 그리고 어떤 점이 달라지지 않았을까요?

(3) 장례와 제례는 형식이나 절차보다는 조상에 대해 정성을 다하는 마음가짐이 중요해요. 그러므로 사회가 변화한다고 해도 조상을 기리고 은혜에 감사하는 정신만큼은 빛이 바래서는 안 될 거예요. 옛날과 오늘날의 장례와 제례의 장단점을 지적해 보고, 변화하는 현대 사회 속에서 본받을 만한 전통을 요즘에 맞게 되살려 전통을 바르게 이어 나갈 방법을 이야기해 보세요.

정답은 56쪽에

롯데월드 민속박물관 견학을 잘 마쳤나요? 전시실을 돌면서 무엇이 가장 인상 깊었나요? 기억에 남는 유물을 떠올려 보세요. 그것을 모아 유물 카드를 만들어요. 자신만의 유물 카드를 만들면 공부에도 도움이 되고, 역사와 한층 더 친해질 거예요.

유물카드 만들기

🔷 유물카드를 만들어요

유물 카드는 유물에 대한 소개예요. 고고학자들은 자신이 발굴한 유물이 박물관에 들어오게 되면, 소개와 특징을 카드에 기록하여 유물과 함께 보관합니다. 유물 카드를 만들 때에는 만든 재료, 만든 시대, 쓰임새 등을 구분하고, 유물에 대한 특징과 자신의 느낌을 기록해요.

🔷 친구들과 함께 만들어요

유물 카드를 혼자 만든다면, 박물관에서 가장 마음에 든 유물을 중심으로 만드세요. 만약 친구들과 한 조가 되어 만든다면, 시대별로 나누어 골고루 담당한 후 두 세 가지씩 맡아 그려 보세요.

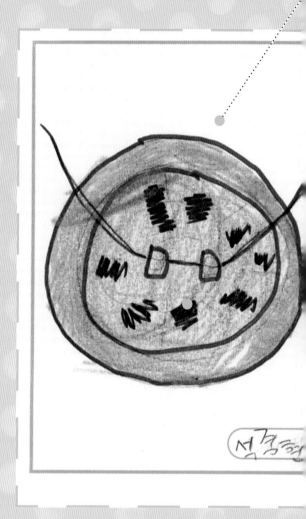

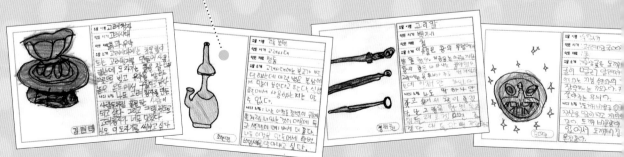

✦ 유물의 모습

사진으로 찍는다면 더 정확한 모습을 확인할 수 있겠지만, 대개 박물관에서는 사진 촬영이 금지되어 있지요. 이럴 때에는 색연필과 사인펜을 이용해 예쁘게 유물을 그려 보세요. 그리는 동안 유물을 더 자세히 알 수 있고, 평소 발견하지 못했던 점을 관찰할 수 있답니다.

✦ 유물 이름

어떤 유물인가요?

✦ 만든 시기

유물이 만들어진 시대를 꼭 적어요. 만든 시대를 알아야 유물의 쓰임도 바로 이해할 수 있고, 그 시대의 문화도 알 수 있답니다.

✦ 만든 재료

유물은 무엇으로 만들어졌나요? 돌인가요? 나무인가요? 아니면 금이나 은인가요?

✦ 유물에 대한 내 느낌

유물에 대한 나만의 느낌을 써 보세요. 뻔한 생각보다는 솔직한 자신만의 느낌을 말이에요. 맞춤법이나 띄어쓰기가 많이 틀렸지만, 유물에 대해 정확하게 이해하고, 솔직하고 정직한 느낌이 재미있어요. 단, 틀린 글자는 집에 와서 정리할 때 고쳐 쓰는 게 좋겠지요.

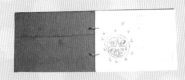

✦ 카드를 묶어 카드집을 만들어요

얇은 종이로 유물 카드를 만들었다면 빳빳한 종이로 표지를 만들어 유물 카드집을 만들어요. 표지에는 커다랗게 제목을 쓰세요. 또 견학 갔던 박물관에서 찍은 사진을 붙여도 좋아요. 모든 게 준비되면 왼쪽에 구멍을 뚫고 고리를 걸어 카드집을 완성하세요.

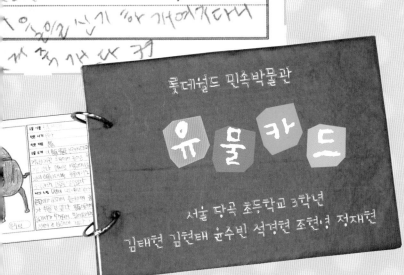

 정답

나는 롯데월드 민속박물관 박사!

① 알맞는 것끼리 연결하세요.

우리 조상들의 일생 의례를 관혼상제라고 해요. 관혼상제가 무엇을 가리키는지 연결해 보세요.

② 각 나라를 대표하는 문화유산을 찾아보아요.

롯데월드 민속박물관에는 각 시대별로 대표적인 문화유산이 전시되어 있어요. 그 문화유산만으로도 각 시대의 특징을 짐작 알 수 있지요. 나라 이름으로 사다리를 잘 타고 내려가서 사진을 보고, 각 문화유산의 이름을 써 보세요.

③ O/X 퀴즈를 풀어 보아요.

롯데월드 민속박물관에 대한 다음 설명을 읽고 맞으면 O, 틀리면 X로 대답해 보아요.

(1) × (2) ○ (3) × (4) ○ (5) × (6) ○

④ 전통문화에 대해 이야기해 봐요.

전통문화에 대한 토론 시간이에요. 빈 친구들의 생각이 크게 두 친구의 의견으로 나뉘었어요. 장례나 제례에 대한 두 친구의 주장을 듣고, 그 의견을 바탕으로 자신의 생각을 이야기해 봐요.

(1) 돌아가신 분이나 조상에 대해 정성껏 받드는 마음과 예절을 지키는 것을 중요하게 여겼기 때문이다.

(2) 달라진 점: 형식과 절차가 많이 간소해졌다.
달라지지 않은 점: 돌아가신 분을 기리고, 서로 도와 장례와 제례를 치르는 것이다.

(3) 각자 생각해 보기

몇 개나 맞혔나요?
이런!
롯데월드 민속박물관에
또 가야겠다고요?

사진

롯데월드민속박물관(최호식 촬영) 3~49p

김원미 50~51p, 54~55p

초등학교 교과서와 관련된 학년별 현장 체험학습 추천 장소

1학년 1학기 (21곳)	1학년 2학기 (18곳)	2학년 1학기 (21곳)	2학년 2학기 (25곳)	3학년 1학기 (31곳)	3학년 2학기 (37곳)
철도박물관	농촌 체험	소방서와 경찰서	소방서와 경찰서	경희대자연사박물관	IT월드(과천정보나라)
소방서와 경찰서	광릉	서울대공원 동물원	서울대공원 동물원	광릉수목원	강원도
시민안전체험관	홍릉 산림과학관	농촌 체험	강릉단오제	국립민속박물관	경희대자연사박물관
천마산	소방서와 경찰서	천마산	천마산	국립서울과학관	광릉수목원
서울대공원 동물원	월드컵공원	남산골 한옥마을	월드컵공원	국립중앙박물관	국립경주박물관
농촌 체험	시민안전체험관	한국민속촌	남산골 한옥마을	기상청	국립고궁박물관
코엑스 아쿠아리움	서울대공원 동물원	국립서울과학관	한국민속촌	서대문자연사박물관	국립국악원박물관
선유도공원	우포늪	서울숲	농촌 체험	선유도공원	국립부여박물관
양재천	철새	갯벌	서울숲	시장 체험	국립서울과학관
한강	코엑스 아쿠아리움	양재천	양재천	신문박물관	남산
에버랜드	짚풀생활사박물관	동굴	선유도공원	경상북도	남산골 한옥마을
서울숲	국악원박물관	고성 공룡박물관	불국사와 석굴암	양재천	롯데월드 민속박물관
갯벌	천문대	코엑스 아쿠아리움	국립중앙박물관	경기도	국립민속박물관
고성 공룡박물관	자연생태박물관	옹기민속박물관	국립민속박물관	이화여대자연사박물관	삼성어린이박물관
서대문자연사박물관	세종문화회관	기상청	전쟁기념관	전쟁기념관	서대문자연사박물관
옹기민속박물관	예술의 전당	시장 체험	판소리	천마산	선유도공원
어린이 교통공원	어린이대공원	에버랜드	DMZ	한강	소방서와 경찰서
어린이 도서관	서울놀이마당	경복궁	시장 체험	화폐금융박물관	시민안전체험관
서울대공원		강릉단오제	광릉	호림박물관	경상북도
남산자연공원		몽촌역사관	홍릉 산림과학관	홍릉 산림과학관	월드컵공원
삼성어린이박물관		국립현대미술관	국립현충원	우포늪	육군사관학교
			국립4·19묘지	소나무 극장	해군사관학교
			지구촌민속박물관	예지원	공군사관학교
			우정박물관	자운서원	철도박물관
			한국통신박물관	서울타워	이화여대자연사박물관
				국립중앙과학관	제주도
				엑스포과학공원	천마산
				올림픽공원	천문대
				전라남도	태백석탄박물관
				경상남도	판소리박물관
				허준박물관	한국민속촌
					임진각
					오두산 통일전망대
					한국천문연구원
					종이미술박물관
					짚풀생활사박물관
					토탈야외미술관

4학년 1학기 (34곳)	4학년 2학기 (56곳)	5학년 1학기 (35곳)	5학년 2학기 (51곳)	6학년 1학기 (36곳)	6학년 2학기 (39곳)
강화도	IT월드(과천정보나라)	갯벌	IT월드(과천정보나라)	경기도박물관	IT월드(과천정보나라)
갯벌	강화도	광릉수목원	강원도	경복궁	KBS 방송국
경희대자연사박물관	경기도박물관	국립민속박물관	경기도박물관	덕수궁과 정동	경기도박물관
광릉수목원	경복궁 / 경상북도	국립중앙박물관	경복궁	경상북도	경복궁
국립서울과학관	경주역사유적지구	기상청	덕수궁과 정동	고성 공룡박물관	경희대자연사박물관
기상청	경희대자연사박물관	남산골 한옥마을	경상북도	국립민속박물관	광릉수목원
농촌 체험	고창, 화순, 강화 고인돌유적	농업박물관	경희대자연사박물관	국립서울과학관	국립민속박물관
서대문자연사박물관	전라북도	농촌 체험	고인쇄박물관	국립중앙박물관	국립중앙박물관
서대문형무소역사관	고성 공룡박물관	서울국립과학관	충청도	농업박물관	국회의사당
서울역사박물관	충청도	서울대공원 동물원	광릉수목원	롯데월드 민속박물관	기상청
소방서와 경찰서	국립경주박물관	서울숲	국립공주박물관	몽촌토성과 풍납토성	남산
수원화성	국립민속박물관	서울시청	국립경주박물관	민주화현장	남산골 한옥마을
시장 체험	국립부여박물관	서울역사박물관	국립고궁박물관	백범기념관	대법원
경상북도	국립서울과학관	시민안전체험관	국립민속박물관	서대문자연사박물관	대학로
양재천	국립중앙박물관	경상북도	국립서울과학관	서대문형무소 역사관	민주화 현장
옹기민속박물관	국립국악원박물관 / 남산	양재천	국립중앙박물관	서울역사박물관	백범기념관
월드컵공원	남산골 한옥마을	강원도	남산골 한옥마을	조선의 왕릉	아인스월드
철도박물관	농업박물관 / 대법원	월드컵공원	농업박물관	성균관	서대문자연사박물관
이화여대자연사박물관	대학로	유명산	롯데월드 민속박물관	시민안전체험관	국립서울과학관
천마산	롯데월드 민속박물관	제주도	충청도	경상북도	서울숲
천문대	몽촌토성과 풍납토성	짚풀생활사박물관	서대문자연사박물관	암사동 선사주거지	신문박물관
철새	불국사와 석굴암	천마산	성균관	운현궁과 인사동	양재천
홍릉 산림과학관	서대문자연사박물관	한강	세종대왕기념관	전쟁기념관	월드컵공원
화폐금융박물관	서울대공원 동물원	한국민속촌	수원화성	천문대	육군사관학교
선유도공원	서울숲	호림박물관	시민안전체험관	철새	이화여대자연사박물관
독립공원	서울역사박물관	홍릉 산림과학관	시장 체험 / 신문박물관	청계천	중남미박물관
탑골공원	조선의 왕릉	하회마을	경기도	짚풀생활사박물관	짚풀생활사박물관
신문박물관	세종대왕기념관	대법원	강원도	태백석탄박물관	창덕궁
서울시의회	수원화성	김치박물관	경상북도	해인사 고려대장경과 장경판전	천문대
선거관리위원회	승정원 일기 / 양재천	난지하수처리사업소	옹기민속박물관	호림박물관	우포늪
소양댐	옹기민속박물관	농촌, 어촌, 산촌 마을	운현궁과 인사동	유니세프 한국위원회	판소리박물관
서남하수처리사업소	월드컵공원	들꽃수목원	육군사관학교	무령왕릉	한강
중랑구재활용센터	육군사관학교	정보나라	이화여대자연사박물관	현충사	홍릉 산림과학관
중랑하수처리사업소	철도박물관	드림랜드	전라북도	덕포진교육박물관	화폐금융박물관
	이화여대자연사박물관	국립극장	전쟁박물관	서울대학교 의학박물관	훈민정음
	조선왕조실록 / 종묘		창경궁 / 천마산	상수허브랜드	상수도연구소
	종묘제례		천문대		한국자원공사
	창경궁 / 창덕궁		태백석탄박물관		동대문소방서
	천문대 / 청계천		한강		중앙119구조대
	태백석탄박물관		한국민속촌		
	판소리 / 한강		해인사 고려대장경과 장경판전		
	한국민속촌		화폐금융박물관		
	해인사 고려대장경과 장경판전		중남미문화원		
	호림박물관		첨성대		
	화폐금융박물관		절두산순교지		
	훈민정음		천도교 중앙대교당		
	온양민속박물관		한국에너지기술연구원		
	아인스월드		한국자수박물관		
			초전섬유퀼트박물관